王文顏　著

文史哲學集成

佛典重譯經研究與考錄

文史哲出版社印行

國立中央圖書館出版品預行編目資料

佛典重譯經研究與考錄 / 王文顏著. -- 初版.
-- 臺北市 : 文史哲, 民82
面 ; 公分. -- (文史哲學集成 ; 301)
參考書目:面
ISBN 957-547-823-1(平裝)

1. 藏經 - 譯文

221.01　　82007766

文史哲學集成 (301)

佛典重譯經研究與考錄

著者：王文顏
出版者：文史哲出版社
登記證字號：行政院新聞局局版臺業字五三三七號
發行人：彭正雄
發行所：文史哲出版社
印刷者：文史哲出版社
台北市羅斯福路一段七十二巷四號
郵撥〇五一二八八一二彭正雄帳戶
電話：三五一一〇二八

實價新台幣三四〇元

中華民國八十二年十月初版

ISBN 957-547-823-1

自序

民國七十二年，筆者完成博士論文《佛典漢譯之研究》之後，即深深體會佛典目錄和佛典經本的文獻價值極爲重要，它是建構佛學研究體系的基礎之一，因此，近十年來筆者始終不間斷的在這兩個領域之中蒐尋研習，然而因忙於教學工作，南北奔波，研究績效卻不理想，近年來僅僅完成〈佛典目錄中的總括群經錄〉和〈試論佛經重譯的原因〉等兩篇相關的短文，而這兩篇短文都僥倖的獲得國科會的獎助，因而激發筆者進一步深入研究的企圖和信心，本文《佛典重譯經研究與考錄》即爲筆者首先選定的研究論題，但願其成果能繼續獲得先進大德的垂愛與肯定。

本文分上、下兩篇，上篇主要內容在於析論重譯經的種種問題，舉凡重譯經的來歷、重譯經的譯本面貌、重譯經的價值，以及古代經錄對重譯經的處置，在文中都有詳實的舉證與說明。據筆者研究所得，有兩項心得特別值得報告，其一，重譯經的文獻價值理應給予適當的肯定與提升：因爲印度原始佛教分裂之後，印度佛教即進入部派林立的時代，各部派都曾根據各自的觀點編纂自己的藏經，然而這些藏經隨著印度教的興起與印度佛教的沒落而逐漸亡佚，現在除了南傳上座部巴利語系大藏經尚保存完整外，其餘的僅剩下少數零星的貝葉殘本幸存於世，因此各部派所擁有的藏經狀況如何，於今在印度已無從查考；而漢譯本大藏經所依據的原典，除了來自五印度之外，也有印度域外的傳本，可稱得上包羅萬象，因此從漢譯本大藏經雖然無法還原各部派藏經的原貌，但除此之外，實在別無他途可尋，漢譯本大藏經在世界佛教文獻中的地位，於此可見一斑。其二，重譯經的目錄有必要重新整理和考訂：因爲古代體系完備的佛典目錄如《出三藏記集》、《大唐內典錄》、《開元釋教錄》等等，雖然都將重譯經列爲處理的重點，但資料卻零亂的散置於各處，檢閱十分不便；近代日本學者小野玄妙曾經集合二百多位佛教學者，編纂《佛書解說大辭典》一書，這是一部享譽國際的權威巨著，其中《佛教經典總論》一冊，尤爲理解漢譯本大藏經不可或缺的指導書籍，書中闢有專章分別深入討論失譯經、抄經、闕本經、疑僞經等等，唯獨重譯經卻被忽略，十分遺憾；因此不論是古代或近代的佛教文獻，都無法提供簡明扼要的重譯經索引目錄，筆者有感於此，仍繼《佛典重譯經研究》一文之後，懷抱著熱切而審愼的態度，積極從事重譯經目錄的整理與考訂，終於又完成《佛典重譯經考錄》一文，希望兩文能夠發揮互補的作用，爲佛教文獻領域略盡棉薄之力。

下篇除了提供讀者簡便查閱重譯經的初步作用之外，另有兩項主要價値，其一，可當佛典「經本」的傳譯史看待：在本篇之中每一部重譯經都一目了然的呈現出來，讀者可以按圖索驥，進一步查閱譯經僧傳、經錄、經序、或出經後記；則該部經典的詳細情況即可完全掌握。其二，爲研究者提供檢索素材的參考：例如在中國佛經翻譯史上，曾經先後出現兩次「新譯」、「舊譯」的爭執，第一次發生在姚秦鳩摩羅什身上，第二次發生在唐玄奘身上，兩位譯經大師分別主觀的認定自己所譯的經典為「新經」，而貶斥前人所譯的經典為「舊經」，其實，新舊譯的異同與優劣，必須透過客觀的經本譯文比對，方可了解實情，而在本篇之中，即可輕易的找到許多同為鳩摩羅什和玄奘的譯本，或同為竺法護和鳩摩羅什的譯本，一「舊」一「新」，兩相對照，優劣異同即刻判然，當然，若能夠找到同為三人的譯本，則最為理想，那麼，大般若經第二會及其重譯本，就是合乎這項要求的上選材料。

本文是筆者與佛結緣的第二部著作，因限於慧根淺薄，疏漏之處，必定甚多，祈盼十方大德，不吝教我。

民國八十二年九月王文顏記於國立政治大學中國文學系

佛典重譯經研究與考錄目次

上篇　佛典重譯經研究

大藏經中有許多重譯本佛經，形成佛經的一大特徵，幾乎所有的重要佛經，都是一而再，再而三的譯成漢譯本，出三藏記集卷二稱這類經典爲「異出經」，云：「異出經者，謂胡本同而漢文異也，梵書復隱，宣譯多變，出經之士，才趣各殊，辭有質文，意或詳略，故令本一末二，新舊參差……是以泥洹、楞嚴重出至七，般若之經，別本迺八，傍及衆典，往往如茲。」其實泥洹經，首楞嚴經重譯七次，般若經重譯八次，並不算最多，往後重譯十次以上的經典，也時有所見，例如般若心經重譯十次，無量門微密持經重譯十二次，無量壽經重譯十三次，至於重譯七、八次的經典，簡直就司空見慣了，現存大藏經的分量之所以如此繁富，與重譯本經典的一再產生有密切關係。

重譯經雖然如此普遍而常見，但歷來卻乏學者爲文論述，這是佛典文獻學中的一項遺憾，因此本文擬就「重譯經舉例」、「佛經重譯的原因」、「重譯經的譯本面貌」、「經錄對重譯經的處置」等四項主題，將重譯經的種種現象，詳加析論，以使讀者進一步了解重譯經的內涵。

壹、重譯經舉例

壹、重譯經舉例

為了初步瞭解重譯經的繁富現象，茲先舉兩例以觀其梗概，其一，以長阿含經為例，其二，以鳩摩羅什所譯的般若經為例，將其重譯本經典，不分存佚一并列出。阿含（Agama）的意義是「傳承」，阿含經指的是釋尊傳承下來的經典，是釋尊入滅後由五百羅漢在第一次結集時集成的。漢譯本四阿含經各屬於原始佛教不同部派的傳承，長阿含經是法藏部的傳本，依據薩婆多毗尼毗婆沙卷一所載，長阿含經是「破諸外道」的聖典，漢譯本長阿含經的全本有二十二卷，三十經，是姚秦時代罽賓沙門佛陀耶舍（本傳見於梁高僧傳卷二）所譯，除佛陀耶舍所譯的全本之外，三十經中的某些單本經典，前前後後都曾有人陸續傳譯，茲以佛陀耶舍所譯全本三十經為標目，下附該經的重譯本，並註明存佚。

（以下資料參引開元釋教錄卷十三、十五及大藏經索引）

1.長阿含經之一：大本經　姚秦佛陀耶舍譯　第三譯　存

七佛父母姓字經一卷　失譯　第一譯　存

增一阿含經之四十八：十不善品　東晉僧伽提婆譯　第二譯　存

佛說七佛經一卷　趙宋法天譯　第四譯　存

毗婆尸佛經二卷	趙宋法天譯	第五譯	存
2.長阿含經之二：遊行經	姚秦佛陀耶舍譯	第四譯	存
佛般泥洹經二卷	西晉白法祖譯	第一譯	存
般泥洹經二卷	失譯	第二譯	存
大般涅槃經三卷	東晉法顯譯	第三譯	存
根本說一切有部毗奈耶雜事			
(四十卷)三十五至三十九卷	唐義淨譯	第五譯	存
3.長阿含經之三：典尊經	姚秦佛陀耶舍譯	第一譯	存
佛說大堅固婆羅門緣起經一卷	趙宋施護譯	第二譯	存
4.長阿含經之四：闍尼沙經	姚秦佛陀耶舍譯	第一譯	存
佛說人仙經一卷	趙宋法賢譯	第二譯	存
5.長阿含經之五：小緣經	姚秦佛陀耶舍譯	第二譯	存
中阿含經之一五四：婆羅堂經	東晉僧伽提婆譯	第一譯	存
佛說白衣金幢二婆羅門緣起經三卷	趙宋施護譯	第三譯	存
6.長阿含經之六：轉輪聖王修行經	姚秦佛陀耶舍譯	第二譯	存
中阿含經之七十：轉輪王經	東晉僧伽提婆譯	第一譯	存

7.長阿含經之七：弊宿經	姚秦佛陀耶舍譯	第四譯	存
鳩摩迦葉經一卷	僧祐錄中失譯經	第一譯	佚
僮迦葉解難經一卷	乞伏秦聖堅譯	第二譯	佚
中阿含經之七十一：蜱肆經	東晉僧伽提婆譯	第三譯	存
大正句王經二卷	趙宋法賢譯	第五譯	存
8.長阿含經之八：散陀那經	姚秦佛陀耶舍譯	第二譯	存
中阿含經之一零四：優曇婆邏經	東晉僧伽提婆經	第一譯	存
佛說尼拘陀梵志經二卷	趙宋施護譯	第三譯	存
9.長阿含經之九：衆集經	姚秦佛陀耶舍譯	第一譯	存
佛說大集法門經二卷	趙宋施護譯	第二譯	存
10.長阿含經之十：十上經	姚秦佛陀耶舍譯	第二譯	存
長阿含十報法經 二卷	後漢安世高譯	第一譯	存
11.長阿含經之十一：增一經	姚秦佛陀耶舍譯	第一譯	存
12.長阿含經之十二：三聚經	姚秦佛陀耶舍譯	第一譯	存
13.長阿含經之十三：大緣方便經	姚秦佛陀耶舍譯	第三譯	存
佛說人本欲生經一卷	後漢安世高譯	第一譯	存

中阿含經之九十七：大因經	東晉僧伽提婆譯	第二譯	存
佛說大生義經一卷	趙宋施護譯	第四譯	存
14.長阿含經之十四：釋提桓因問經	姚秦佛陀耶舍譯	第二譯	存
中阿含經之一三四：釋問經	東晉僧伽提婆譯	第一譯	存
雜寶藏經之七十三：帝釋問事緣	元魏吉迦夜共曇曜譯	第三譯	存
佛說帝釋所問經一卷	趙宋法賢譯	第四譯	存
15.長阿含經之十五：阿㝹夷經	姚秦佛陀耶舍譯	第一譯	存
16.長阿含經之十六：善生經	姚秦佛陀耶舍譯	第五譯	存
佛說尸迦羅越六方禮經一卷	後漢安世高譯	第一譯	存
大六向拜經一卷	西晉竺法護譯	第二譯	佚
佛說善生子經一卷	西晉支法度譯	第三譯	存
中阿含經之一三五：善生經	東晉僧伽提婆譯	第四譯	存
17.長阿含經之十七：清淨經	姚秦佛陀耶舍譯	第一譯	存
18.長阿含經之十八：自歡喜經	姚秦佛陀耶舍譯	第一譯	存
佛說信佛功德經一卷	趙宋法賢譯	第二譯	存
19.長阿含經之十九：大會經	姚秦佛陀耶舍譯	第二譯	存

別譯雜阿含經之一零五（註一）	失譯	第一譯	存
雜阿含經之一一九二（註二）	劉宋求那跋陀羅譯	第三譯	存
佛說大三摩惹經一卷	趙宋法天譯	第四譯	存
20.長阿含經之二十：阿摩晝經	姚秦佛陀耶舍譯	第二譯	存
佛開解梵志阿颰經一卷	吳支謙譯	第一譯	存
佛開解梵志阿颰經一卷	東晉釋法勇譯	第三譯	佚
21.長阿含經之二十一：梵動經	姚秦佛陀耶舍譯	第三譯	存
佛說梵網六十二見經一卷	吳支謙譯	第一譯	存
六十二見經一卷	西晉竺法護譯	第二譯	佚
22.長阿含經之二十二：種德經	姚秦佛陀耶舍譯	第一譯	存
23.長阿含經之二十三：究羅檀頭經	姚秦佛陀耶舍譯	第一譯	存
24.長阿含經之二十四：堅固經	姚秦佛陀耶舍譯	第一譯	存
25.長阿含經之二十五：裸形梵志經	姚秦佛陀耶舍譯	第一譯	存
26.長阿含經之二十六：三明經	姚秦佛陀耶舍譯	第一譯	存
27.長阿含經之二十七：沙門果經	姚秦佛陀耶舍譯	第三譯	存
佛說寂志果經一卷	東晉竺曇無蘭譯	第一譯	存

增一阿含經之四十三：馬血天子問八政品　東晉僧伽提婆譯　第二譯　存
28.長阿含經之二十八：布吒婆樓經　姚秦佛陀耶舍譯　第一譯　存
29.長阿含經之二十九：露遮經　姚秦佛陀耶舍譯　第一譯　存
30.長阿含經之三十：世記經　姚秦佛陀耶舍譯　第四譯　存
樓炭經六卷　西晉竺法護譯　第一譯　佚
大樓炭經六卷　西晉法立共法炬譯　第二譯　存
樓炭經八卷　西晉釋法炬譯　第三譯　佚
起世經十卷　隋闍那崛多等譯　第五譯　存
起世因本經十卷　隋達摩笈多譯　第六譯　存

依據開元釋教錄卷十五記載，尚有以下七部闕本經，僅知其爲長阿含經之重譯本，而確切歸屬則無法辨認，茲一并著錄於後：

道意發行經二卷　後漢安世高譯　佚
大十二門經一卷　後漢安世高譯　佚
小十二門經一卷　後漢安世高譯　佚
七法經一卷　後漢安世高譯　佚
多增道章經一卷　後漢安世高譯　佚

義決律經一卷　　後漢安世高譯　　佚

彌勒經一卷　　僧祐錄云安公失譯經，附西晉錄　　佚

由以上所列可知，包含三十經的全本長阿含經中，十九經有重譯本，世記經重譯六次，大本經、遊行經、散陀那經、善生經等四部重譯五次，大緣方便經，釋提桓因問經、大會經等三部重譯四次，弊宿經、阿摩晝經、梵動經、沙門果經等四部重譯三次，典尊經、闍尼沙經、小緣經、轉輪聖王修行經、衆集經、十上經、自歡喜經等七部重譯二次。就重譯時代而言，起自後漢，終於趙宋，前後長達千餘年。就參與譯經的大師而言，失譯不算，也有二十餘人。就重譯經卷數量而言，不分存佚，總計有九十餘卷，比起全本二十二卷，約有四倍之多。長阿含經的重譯狀況，由以上簡單的歸納統計，即可看出梗概。

姚秦時代的鳩摩羅什（本傳見於梁高僧傳卷二），是中國佛教譯經史上的傑出人物，其地位成就與唐代的玄奘大師前後輝映，代表譯經史上的兩個高峰。開元釋教錄卷四記載羅什所譯的經典總計：「七十四部、三百八十四卷……五十二部、三百二卷見在……二十二部、八十二卷闕本」，其中般若經是羅什最留意的經典，羅什爲了糾正前人譯本的錯誤，不憚其煩的一再宣講傳譯新經，本傳云：「自大法東被，始於漢明，涉歷魏晉，經論漸多，而支竺所出（按指支婁迦讖、支謙、竺法護等人），多滯文格義……（羅什）既覽舊經，義多紕繆，皆由先度失旨，不與梵本相應，於是興（按指姚秦君王姚興）使沙門僧䂮、僧遷、法欽、道流、道恆、道標、僧叡、僧肇等八百餘人，諮受什旨，更令出

大品（按指大品般若經），什持梵本，興執舊經，以相讎校，其新文異舊者，義皆圓通，衆心惬伏，莫不欣讚。」羅什所傳爲龍樹系統的中觀思想，舊譯本以老莊「格義」的方式傳譯，因此對般若思想的誤解十分深重，羅什爲了扭轉積幣，除了宣講重譯新經外，尙且將天竺論書如大智度論等一并譯出（按羅什只節譯其中部分內容成一百卷），藉以取信大衆。以下即以羅什所譯五本般若部經典爲例，見其重譯狀況。（資料引自開元釋教錄卷四、卷十一、卷十四，及大藏經索引，筆者並依出經先後重新排列。）

《一》

1.光讚般若波羅蜜經十卷	西晉竺法護譯	存	第一譯
2.放光般若波羅蜜經二十卷	西晉無羅叉譯	存	第二譯
◎3.摩訶般若波羅蜜經四十卷（大品經）	姚秦鳩摩羅什譯	存	第三譯
4.大般若波羅蜜多經第二會七十八卷（註三）	唐玄奘譯	存	第四譯

《二》

1.道行般若波羅蜜經十卷	後漢支婁迦讖譯	存	第一譯
2.大明度無極經四卷	吳支謙譯	存	第二譯
3.吳品經五卷	吳康僧會譯	佚	第三譯
4.新道行經十卷	西晉竺法護譯	佚	第四譯

5.大智度論經四卷	東晉祇多蜜譯	佚	第五譯
6.摩訶般若波羅蜜鈔經五卷（註四）	符秦曇摩蜱共竺佛念譯	存	第六譯
◎7.小品般若波羅蜜經十卷	姚秦鳩摩羅什譯	存	第七譯
8.大般若波羅蜜多經第四會十八卷	唐玄奘譯	存	第八譯
9.佛說佛母出生三法藏般若波羅蜜多經二十五卷	趙宋施護譯	存	第九譯

《三》

◎1.金剛般若波羅蜜經一卷	姚秦鳩摩羅什譯	存	第一譯
2.金剛般若波羅蜜經一卷	元魏菩提留支譯	存	第二譯
3.金剛般若波羅蜜經一卷	陳眞諦譯	存	第三譯
4.金剛能斷般若波羅蜜經一卷	隋達摩笈多譯	存	第四譯
5.大般若波羅蜜多經第九會一卷（註五）	唐玄奘譯	存	第五譯
6.佛說能斷金剛般若波羅蜜多經一卷	唐義淨譯	存	第六譯

《四》

1.仁王般若經一卷	西晉竺法護譯	存	第一譯
◎2.仁王護國般若波羅蜜經二卷	姚秦鳩摩羅什譯	存	第二譯
3.仁王般若經一卷	梁眞諦譯	佚	第三譯

4.仁王護國般若波羅蜜多經二卷	唐不空譯	存	第四譯

《五》

1.摩訶般若波羅蜜咒經一卷（註六）	吳支謙譯	佚	第一譯
◎2.摩訶般若波羅蜜大明咒經一卷	姚秦鳩摩羅什譯	存	第二譯
3.般若波羅蜜多心經一卷	唐玄奘譯	存	第三譯
4.般若波羅蜜多那經一卷	唐菩提流志譯	佚	第四譯
5.摩訶般若隨心經一卷（同註六）	唐實叉難陀譯	佚	第五譯
6.普遍智藏般若波羅蜜多心經一卷	唐法月譯	存	第六譯
7.般若波羅蜜多心經一卷	唐般若共利言譯	存	第七譯
8.般若波羅蜜多心經一卷	唐智慧輪譯	存	第八譯
9.般若波羅蜜多心經一卷	唐法成譯	存	第九譯
10.佛說聖佛母般若波羅蜜多經一卷	趙宋施護譯	存	第十譯

由以上所列可知，羅什所譯的五部般若經，都有重譯現象，金剛般若經是第一譯，其後尚有五個譯本，般若心經是第二譯，其後尚有八個譯本，仁王般若經是第二譯，其前有西晉竺法護譯本，其後尚有二個譯本，大品般若經是第三譯，其前有兩個譯本，其後有一個譯本，小品般若經是第七個譯本，其前有六個譯本，其後有一個譯本。

總上兩例，我們可以察覺「重譯」是漢譯本佛經十分普遍的現象，經典之所以一再重譯，其中理應存有許多值得探討的原因，然而歷來研究者卻忽略了它，少把它視爲研究對象，下文擬就筆者聞見所得，以經錄、經序、僧傳爲參引文獻，逐項論述之。

貳、佛經重譯的原因

一、因原典諸問題而引起重譯

(一)胡本、梵本、天竺部派本

檢查漢譯本佛經所依據的原典，我們會發現兩項十分奇特的現象，其一，不分大小乘、不分部派的印度佛經原典，雜然並陳的傳入中國，並且「廣來廣譯，略至略翻」，毫無簡擇的譯成中文。其二，梵本、胡本也是同時傳入中國，並且譯成中文。造成這種現象的原因，是有其歷史背景的，東漢時代佛教傳入中國，此時佛教在印度已發展五六百年之久，印度佛教思想本身即有原始佛教、部派佛教、大乘佛教等流變歷史，再加以印度佛教對外傳播，在北傳和南傳方面都已具有十分輝煌的成果。因此來自不同部派或不同國度的僧侶，其所傳入的經典原本，也就版本各異了。

由於原典來源非一，因此對於不同來歷的原典的評價，也就有高下之別，例如對於梵本、胡本的評價，一般認爲梵本的價値和可信度高於胡本，遇有爭議，即以梵本爲評斷是非的依據，鳩摩羅什譯大品經時，即曾以梵本訂正胡本是非：「法師手執胡本，口宣秦言，兩釋異音，交辯文旨……胡音失者，正之以天竺，秦名（宋元明本作言）謬者，定之以字義，不可變者，即而書之。」（見出三藏記集卷八僧叡大品經序）所謂「胡音失者，正之以天竺」，即是認定梵本的準確性遠較胡本為高。

至於傳自印度不同部派的經典，雖然原典小有異同，但大抵一視同仁，不作價值高下的判斷，例如印度各部派所尊奉的律藏，即有五大部的區別，中國僧侶對於漢譯中的差異性，雖也感覺困惑：「若睹初制，此土先所出戒，差互不同，每以為惑」（見四分律序，大正藏律部）但一旦了解差異的原因是起源於部派的分裂，也就不再深究誰是誰非了，所謂「蓋由大聖遷化後，五部分張，各據當時所聞，開閉有以，於是師資相傳，遂使有彼此之異，會曩推之，雖復小小差互，終歸一本」（同上）這種理性而合乎歷史演進事實的理解態度，是值得肯定的。

既然佛經原典有胡本、梵本、部派本的區別，中國佛教信徒又有求全求備的願望，因此只要發現不同原典傳入中國，譯經人選也適當，機緣成熟，立即予以翻傳，重譯的情況也就一再出現。茲舉數例說明之。

小品般若經是一部重譯頻繁的經本。（經本譯出情況參見前文），造成一再重譯的主因，可能是此經的印度梵文原典，本有多種版本，僧叡小品經序云：「斯經正文，凡有四種，是佛異時適化，廣略之說也，其多者云有十萬偈，少者六百偈，此之大品，乃是天竺之中品也，隨宜之言，復何必計其多少，議其煩簡耶？」（見出三藏記集卷八）由於般若經原典有「廣略之說」，因而一再重譯的現象就難以避免，我們如果參考玄奘大師所譯的六百卷十六會大般若經，即可印證此說的正確性。

法句經雖然沒有具體的重譯本，但我們如果比對（一）法句經二卷，法救撰，吳維祇難譯。（二）法句譬喻經四卷，西晉法炬共法立譯。（三）出曜經三十卷，姚秦竺佛念譯。（四）法集要頌經四卷，法救集，趙宋天息災譯等四部經典的品目和內容，即可發現這四部經典的性質相似，法句經序云：「法句經別有數部，有九百偈，或七百偈及五百偈，偈者，結語，猶詩頌也，是佛見事而作，非一時言，各有本末，布在衆經……是後五部沙門各自鈔采經中四句、六句之偈，比次其義，條別爲品，於十二部經，靡不斟酌，無所適名，故曰法句……其在天竺，始進業者，不學法句，謂之越敘，此乃始進者之鴻漸，深入者之奧藏也，可以啓蒙辯惑，誘人自立，學之功微，而所包者廣，實可謂妙要者哉。」（見出三藏記集卷七）由此可見法句經是啓蒙的教材，內容摘自群經中的要點，天竺五部沙門各有自己的摘錄本，雖然內容不盡雷同，但總相去不遠，漢譯本呈現的正是此種面貌。

涅槃經的譯本前後總供有七個：

一、梵般泥洹經二卷	後漢月支三藏支婁迦讖譯	佚	第一譯
二、大般涅槃經二卷	曹魏外國三藏安法賢譯	佚	第二譯
三、大般泥洹經二卷	吳支謙譯	佚	第三譯
四、大般泥洹經六卷	東晉法顯與覺賢共譯	存	第四譯
五、大般涅槃經四十卷	北涼天竺三藏曇無讖譯	存	第五譯
六、般泥洹經二十卷	北涼智猛譯	佚	第六譯

七、大般涅槃經後譯荼毗分二卷　唐南海波凌國若那跋陀羅與唐沙門會寧共譯　存　第七譯

七本之中，北涼曇無讖譯本最爲完整，俗稱北本涅槃經，其後慧嚴、謝靈運曾加以改治成三十六卷南本涅槃經。而第七譯則爲南傳本，流行於南海波凌國（今爪哇），開元釋教錄卷十一附註該經的性質云：

是前大般涅槃經之餘，憍陳如品之末，兼說滅度已後焚燒等事，義淨求法傳云：「益府成都沙門會寧，麟德年中往遊天竺，到南海訶凌國，遂與彼國三藏沙門若那跋陀羅，唐云智賢，於阿笈摩經抄出如來涅槃焚燒之事，非大乘涅槃經也。」遣使寄來，方之天竺。而不全同，經中復言法身常存，常樂我淨，佛菩薩境界，非二乘所知，與大涅槃義理相涉，經初復題陳如品，末文勢相接。

由此段記錄我們得知這二卷本的內容是記載佛祖滅度後的善後事宜，原爲天竺傳本所沒有，倒是與長阿含經初分遊行經少分相似，從其分合演化現象，我們可以約略察知佛經原典的流通，並非一成不變的以一個標準本流通於各地，相反的，各地的佛教信徒還會主動的將性質相近或事理相銜接的經文內容，裁縫補綴，形成主幹相同而枝葉末節互異的經本面貌，這對佛典漢譯過程中如何選擇原典，的確是項惱人的困擾。

法華經的譯本總共有九個，茲依據開元釋教錄卷十一、十四，將其經本傳譯情況，依時代先後，

著錄如下：

一、法華三昧經六卷　吳外國三藏支彊良接譯　佚　第一譯

二、薩曇分陀利經一卷　僧祐錄云安公錄中失譯經　存　第二譯

三、正法華經十卷　西晉竺法護譯　存　第三譯

四、薩芸芬陀利經六卷　西晉竺法護譯（註七）　佚　第四譯

五、方等法華經五卷　東晉支道根譯　佚　第五譯

六、妙法蓮華經八卷　姚秦鳩摩羅什譯　存　第六譯

七、法華三昧經一卷　劉宋涼州沙門釋智嚴譯　存　第七譯

八、無量義經一卷　蕭齊天竺沙門曇摩伽陀耶舍譯　存　第八譯

九、妙法蓮華經七卷　隋天竺三藏闍那崛多、達摩笈多二法師添品　存　第九譯

以上九本之中，竺法護譯本、羅什譯本等二本較爲完整，隋代添品本則爲上列二本之補譯，竺法護和羅什所依據的原典，據添品妙法蓮華經序云：「考驗二譯，定非一本，護似多羅之葉，什似龜茲之文，余檢經藏，備見二本，多羅則與正法符會，龜茲則共妙法允同，護葉尚有所遺，什文寧無其漏。」（見大正藏第九冊）開元釋教錄卷十一附記，羅什所依據的原典云：「其經梵本是法獻於于闐將來」，又出三藏記集卷二妙法蓮華經提婆達多品第十二、一卷下附記云：「自流沙以西，妙法蓮華經並有提婆

達多品，而中夏所傳，闕此一品，先師至高昌郡，於彼獲本，仍寫還京都，今別爲一卷。」由此可見這二個譯本的原典「定非一本」，其間差異，據添品序云：

護所闕者，普門品偈也。

什所闕者，藥草喻品之半，富樓那及法師等二品之初，提婆達多品、普門品偈也，什又移囑累在藥王之前。

二本陀羅尼，並置普門之後。其間異同，言不能極。

至於隋代添品本的來歷與異同，據添品序云：

大隋仁壽元年（西元六〇一年）辛酉之歲，因普曜寺沙門上行所請，遂共三藏崛多、笈多二法師，於大興善寺，重勘天竺多羅葉本，富樓那及法師等二品之初，勘本猶闕，藥草喻品更益其半，提婆達多通入塔品，陀羅尼次神力之後，囑累還結其終。字句差殊，頗亦改正。

就以上三本合併檢討，可見三本的原典均不相同，添品序雖已粗略指出差異大要，但「其間異同，言不能極」，然目前三本俱在，據大正新修大藏經勘同目錄可知梵本亦存，若欲知其詳情，一一比對之，尙不艱難。

經由以上的論述和舉證，我們可以瞭解漢譯本佛典所依據的某部原典，本身即存在許多差異，雖然同爲「佛說一音」，但是響應百起，漢譯本之所以會有一再重譯的現象產生，正合乎佛經原典演化流通的歷史事實。

㈡原典不全

原典不全也是造成漢譯本一再重譯的原因之一，原典不全約略可區分爲兩種現象，其一是印度有節錄經本的抄經習慣，其二是傳入中國的原典不全。

四十二章經是否爲第一部漢譯佛典，是否爲迦葉摩騰所譯，歷來即有不同見解，近代學者討論尤爲熱烈（註八），然而費長房歷代三寶記卷四曾如此推測：「本是外國經抄，元出大部，撮要引俗，似此孝經一十八章」，依據現存四十二章經的考訂，在缺乏更有力的證據之前，也不妨做如是觀。

北涼曇無讖所譯的四十卷本大般涅槃經，是闡揚佛性說的重要經典，對竺道生「一闡提皆有佛性」的主張，具有印証鼓舞作用，然而此經的梵文原典，卻是一部抄經，釋道朗大涅槃經序云：

> 此經梵本正文三萬五千偈，於此方言數減百萬言，今數出者，一萬餘偈。如來去世，後人不量愚淺，抄略此經，分作數分，隨意增損，雜以世語，緣使違失本正，如乳之投水。（見出三藏記集卷八）

今本譯文約三十三萬餘言，比起「減百萬言」的字數，相去甚遠，雖然此經是「抄略」而得，但在全本已佚的情況下，彌覺珍貴。

一卷本道行經（見出三藏記集卷二，已佚）的原典也是一個抄經，據道安法師道行經序云：

> 佛泥曰後（按即佛泥洹、涅槃後），外國高士抄九十章爲道行品，桓靈之世，朔佛齎詣京師，

> 譯爲漢文，因本順旨，轉音如已，敬順聖言，了不加飾也。然經既抄撮，合成章指，音殊俗異，譯人口傳，自非三達，胡能一一得本緣故乎？由是道行頗有首尾隱者，古賢論之，往往有滯，仕行恥此，尋求其本，到于闐乃得，送詣倉垣，出爲放光品，斥重省刪，務令婉便，若其悉文，將過三倍，善出無生，論空特巧，傳譯如是，難爲繼矣。二家所出，足令大智煥爾闡幽，支讖全本，其應然，何者，抄經刪削，所害必多，委本從聖，乃佛之至戒也。（見出藏記集卷七）

由以上引文可知一卷本道行經是「外國高士」的抄經本，但因爲「抄經刪削，所害必多」，所以道行經的譯本「頗有首尾隱者，古賢論之，往往有滯」，因而激發中國第一位西行求法的僧侶朱仕行遠尋大本的動機，在于闐取回放光般若經。

出三藏記集卷二、開元釋教錄卷三及今本大藏經中均收錄《摩訶般若波羅蜜鈔經》（五卷，十三品，四萬餘字）苻秦曇摩蜱譯，道安法師曾爲此經撰寫經序一篇，見於出三藏記集卷八，此經譯本標明以「鈔」爲名，顯見其爲印度抄經，而我們如果將它與東漢支讖譯本（十卷、三十品、九萬餘字）、吳支謙譯本（六卷、三十品、四萬字）、姚秦羅什譯本（十卷、二十九品、七萬餘字）等相比較，即可發現其品目內容所缺甚多，確爲「鈔」經無誤。

漢譯佛經所依據的原典，主要來自兩方面，其一，西來僧侶或中國西行求法的僧侶，他們隨身攜帶的梵本或胡本，其二，西來僧侶口頭誦出的經文。誦經是僧侶們的重要工作之一，印度古代的聖書如吠陀、梵書、奧義書等重要經典，都是靠師徒口誦相傳，並不筆之於書，佛教發展初期的經典，承其遺法，也是以師徒口誦相傳爲主，分別功德論卷上云：「外國法：師徒相傳，以口授相付，不聽載文。」又道安法師云：「外國僧法，學皆跪而口受，同師所受，若十、二十轉，以授後學，若有一字異者，共相推校，得便擯之，僧法無蹤也。」（見出三藏記集卷五）胡適之先生在其白話文學史第九章中很驚訝的說：「那些印度和尚眞有點奇怪，搖頭一背書就是兩三萬偈（按一偈三十二字），搖筆一寫，就是幾十卷。」茲以出三藏記集卷十三、卷十四所錄的僧傳爲例，即可看出僧侶們驚人的憶誦能力：

竺法護：誦經日萬言，過目則能。（卷十三）

曇摩難提：遍觀三藏，闇誦增一、中阿含經。（卷十三）

鳩摩羅什：從師受經，口誦日得千偈，偈有三十二字，凡三萬二千言……誦雜藏、中阿含、長阿含凡四百萬言。（卷十四）

佛陀耶舍：年十五，誦經日得五六萬言……十九，誦大小乘經二百餘萬言。（卷十四）

曇無讖：十歲，與同學數人讀咒，聰敏出群，誦經日得萬言……年二十，誦大小乘經二百餘萬言。（卷十四）

求那跋摩：既受具戒，誦經百餘萬言。（卷十四）

佛陀斯那：天才秀出，誦半億偈。（卷十四）

求那毗地：聰慧強記，勤於諷習，所誦大小乘經十餘萬言。（卷十四）

早期來華的譯經大師，攜梵本者少，憑口誦者多，但口誦畢竟有缺點，一來口口相授，容易傳誤，二來憶誦者若不經常溫習，難免忘失部分經文，例如付法因緣傳卷二就記載一則傳誤的有趣故事：「阿難於是遊行，宣暢妙法，化諸衆生，皆令度脫，最後至一竹林之中，聞有比丘誦法句偈：『若人生百歲，不見水老鶴，不如生一日，而得睹見之。』阿難聞已，慘然而歎，世間眼滅，何其速哉？……便語比丘，此非佛語，不可修行……汝今當聽我演佛偈：『若人生百歲，不解生滅法，不如生一日，而得解了之』爾時比丘即向其師說阿難語，師告之曰：『阿難老朽，智慧衰劣，言多錯謬，不可信矣，汝今但當如前而誦。』」阿難是佛陀的及門弟子，以多聞見稱於師友，迦葉主持第一次五百結集時，他曾主誦佛說，在佛陀門下，他可以稱得上是一部活聖典，但居然被不知名的比丘師徒指爲「言多錯謬，不可信矣」，這正說明單憑口誦傳法，容易發生誤傳，而且得不到校訂的標準底本。早期漢譯本佛典之所以一再出現重譯本，與此也有相當的關係。在中國譯經史上，我們也經常發現因口誦而忘失部分經文的例子，或是無法闇誦原文，只譯大意的故事，例如：

曇摩難提……誦二阿含……武威太守趙文業請令出焉……爲四十一卷，分爲上下部，上部二十六卷，全無遺忘，下部十五卷，失其錄偈也。（見出三藏記集卷九道安法師增一阿含序）

僧伽諦婆，誦此經甚利……忘因緣一品，云言數可與十門等也。（見出三藏記集卷十道安法師阿毗曇序）

僧伽跋澄，諷誦此經……經本甚多，其人忘失……後二處是忘失之遺者。（見出三藏記集卷十道

安法師毗婆沙序）

斯經序曰：其人忘因緣一品，故闕文焉。（見出三藏記集卷十未詳作者八犍度阿毗曇根犍度後別記）

先遇西域寂志，誦出經本，後尚有數品，其人忘，但宣憶者。（見開元釋教錄卷二竺法護所譯文殊師利淨律經下小註）

按阿含、阿毗曇、毗婆沙等，皆爲卷數浩繁的經典，即使善誦者亦不容易完全憶持，因此難免忘失部分內容。

中國古代也有口誦傳經的例子，如西漢初年伏生傳尚書，但一般而言，讀書人探求先聖先賢智慧的方法，仍以閱讀寫本經典爲主，因而對於印度傳來的佛典，在未取得寫本之前，勉強以口誦充當翻譯之依據，然對其可靠性依舊抱著幾分不信任的態度，例如後秦姚興就曾懷疑佛陀耶舍憶誦四分律的能力，出三藏記集卷三新集律來漢地四部序錄第七載其事云：

初，耶舍於罽賓誦四分律，不齎胡本而來遊長安，秦司隸校尉姚爽欲請耶舍於中寺安居，仍令出之，姚主以無胡本，難可證信，衆僧多有不同，故未之許也。羅什法師勸曰：「耶舍甚有記功，數聞誦習，未曾脱誤。」於是姚主即以藥方一卷，民籍一卷，並可四十許紙，令其誦之，三日，便集僧執文請試之，乃至銖兩、人數、年紀，不謬一字，於是咸信伏，遂令出焉。

佛陀耶舍以其驚人的憶誦能力，雖然折服了後秦姚興及當時的衆僧，但秦主姚興「以無胡本，難可證信」的顧慮，正說明中國境內有偏信寫本的習慣，那麼口誦譯經在寫本佛典大量輸入之後，就註定沒落的命運，大概從南北朝開始，寫本譯經已逐漸取代其地位。

來到中國弘揚佛法的西方僧侶，往往隨身攜帶自己所熟習誦讀的經典，並希望經典能夠傳譯於漢地，以達成傳教的心願，僧傳之中即載有許多此類史料，茲引錄如下：

> 傳聞仁者（按指曇摩流支）齎此經自隨（按指十誦律），甚欣所遇。（見高僧傳卷二曇摩流支本傳引慧遠書）
>
> 齎大涅槃前分十卷，並菩薩戒經，菩薩戒本等。（見高僧傳卷二曇無讖本傳）
>
> 梁初，又有扶南沙門曼陀羅者，梁言弘弱，大齎梵本，遠來貢獻。（見續高僧傳卷一僧伽婆羅本傳）
>
> 于闐僧求那跋陀，陳言德賢，齎勝天王般若梵本。（見續高僧傳卷一眞諦本傳）
>
> 同侶相顧，性命莫投，乃以所齎經論，權置道旁，越山求水，冀以存濟。（見續高僧傳卷二達摩笈多本傳）
>
> 躬齎梵本，望並翻盡。（見續高僧傳卷三波頗本傳）
>
> 乃搜集大小乘經律論五百餘夾，合一千五百餘部，以永徽六年創達京師。（見續高僧傳卷四那提三藏本傳）
>
> 所齎經論，莫知所之，及登海壖，其夾策已在岸矣。（見宋高僧傳卷二釋智慧本傳）
>
> 齎多羅夾，誓化支那。（見宋高僧傳卷二釋佛陀多羅本傳）
>
> 自西印度齎梵夾來屆長安。（見宋高僧傳卷二釋無極高本傳）

儀鳳四年五月，表請翻度所齎經夾。（見宋高僧傳卷二釋地婆訶羅本傳）

就以上記錄而言，有的只說「齎經來化」，有的則詳記所攜經典名稱，或經典部數，例如曇摩流支攜十誦律，曇無讖攜大涅槃經前分、菩薩戒經、菩薩戒本，眞諦攜勝天王般若經，那提三藏攜經一千五百餘部，由於有西方僧侶絡繹不絕的來華弘法，梵夾佛典也就源源不斷的輸入中國，續高僧傳卷一菩提流支傳引李廓之說云：「三藏法師流支房內經論梵本可有萬甲（夾），所翻新文，筆受稿本，滿一間屋。」又卷二那連提黎耶舍傳云：「安置天平寺中，請爲翻經三藏，殿內梵本千有餘夾。」這些數量龐大的梵夾，就是漢譯佛典所依據的底本。

佛教在中國境內逐漸傳佈，進而奠定穩固的發展地位之後，中國僧侶爲了探求「究竟佛法」和「整體佛法」，因此掀起一股西行求法取經的熱潮，依據近人梁啓超「中國印度之交通」（收錄於佛學研究十八篇一書中）、馮承均「歷代求法翻經錄」所統計，從西元三世紀到八世紀，前後五百年間，總計大約有一百七八十位中國僧侶，他們冒著九死一生的艱險，跋涉於西行路上，前往天竺探尋佛教眞經，例如朱士行「嘗於洛陽講道行經，覺文章（意）隱質，諸未盡善，……誓志捐身，遠求大本，遂以魏甘露五年，發跡雍州，西渡流沙，既至于闐。」（見高僧傳卷四）法顯「常慨經律舛闕，誓志尋求，以晉隆安三年……西渡流沙。」（見高僧傳卷三）玄奘「既遍謁衆師，備飡其說，詳考其理，各擅宗途，驗之聖典，亦隱顯有異，莫知適從，乃誓遊西方。」（大慈恩寺三藏法師傳卷一）這些著名的西行求法大師，他們的動機與目的，都在於探尋完整的梵典，而他們在這方面所獲得成果，也十分可觀，茲列舉重要者如下：

朱士行：得梵書正本凡九十章，遣弟子不如檀，此言法饒，送經梵本還歸洛陽。（見高僧傳卷四）

法　護：所獲覽即（賢劫）、正法華、光讚等一百六十五部。（見高僧傳卷一）

支法領：沙門支法領，於于闐得華嚴前分三萬六千偈。（見高僧傳卷二佛馱跋陀羅傳）領公遠舉……於西域還，得方等新經二百餘部。（見高僧傳卷六僧肇傳）

法　顯：至中天竺……得摩訶僧祇律，又得薩婆多律抄、雜阿毗曇心綖經、方等泥洹經等……到師子國……復得彌沙塞律、長雜二含、及雜藏本，並漢土所無。（見高僧傳卷三）

智　猛：後至華氏國……得大泥洹梵本一部，又得僧祇律一部、及餘經梵本。（見高僧傳卷三）

道　泰：爰至蔥西……並獲其胡本十萬餘偈。（見出三藏記集卷十毗婆沙經序）

惠　生：比邱惠生向西域取經，凡得一百七十部。（見洛陽伽藍記卷五）

寶　暹：有齊僧寶暹、道邃、僧曇等十人……採經西域……凡獲梵本二百六十部。（見續高僧傳卷二闍那崛多傳）

玄　奘：凡五百二十夾，六百五十七部。（見大慈恩寺三藏法師傳卷六）

義　淨：得梵本經律論近四百部，合五十萬頌。（見宋高僧傳卷一）

不　空：求所未授者，并諸經論，計五百餘部。（見宋高僧傳卷一）

綜合以上七家統計（朱士行、法顯、智猛、道泰等四位不包括在內，因其所攜回的梵本數量不夠明確），他們所攜回的梵本原典，總數在二千三百部以上，這是一個十分龐大的數目。開元釋教錄卷九統計歷代存佚佛典的總數有二千二百七十八部，大正藏收錄屬於漢譯的佛典有一千六百餘部。由以上三個粗略的統計數字，我們很容易看出西行取經者的偉大貢獻，當然其中難免有重複的現象。

漢譯本佛典不論所依據的是梵本原典，或是口誦原典，都有原典不全的現象，這與佛教徒熱切希望有更多的佛典流通傳世有關，早期的中國佛教信徒，只要見到原典輸入，又因緣許可，就無遐顧及原典是否爲全本，立即渴望傳譯行世，出三藏記集卷五記載道安法師的言論云：

此土眾經，出不一時，自孝靈、光和以來，迄今晉康寧二年，近二百載，值殘出殘，遇全出全，非是一人，難卒綜理。

又大周刊定眾經目錄卷二新合大集經六十卷下附記云：

（前略）依如梵本，此大集經凡十萬偈，若具足出，可三百卷……于闐東南二千餘里，有遮拘迦國，彼王純信，敬重大乘……王宮自有摩訶般若、大集、華嚴三部大經，並十萬偈，然去聖將遠，凡識漸昏，不能總持，隨分撮寫，致來梵本，部甲弗全，略至略翻，廣來廣譯，緣是，前哲支曇所翻，及羅什出，或二十七、三十，或復三十一，卷軸匪定。

按「值殘出殘，遇全出全」、「略至略翻，廣來廣譯」，正說明漢譯佛經之時，對於原典的簡擇，並沒有嚴格的計畫。茲以金光明經、涅槃經爲例，藉以說明因原典不全而引發重譯的現象。

金光明經的譯本總共有五個，茲依開元釋教錄卷四、卷六、卷七、卷十一、卷十七，將其經本傳譯情況，依時代先後列舉如下：

㈠金光明經四卷　北涼曇無讖譯　存（見開元釋教錄卷四）
㈡金光明經七卷　梁眞諦譯　存（見開元釋教錄卷六）
㈢金光明經銀主陀羅尼品、囑累品一卷　隋闍那崛多譯　佚（見開元釋教錄卷七）
㈣金光明經八卷　隋大興善寺沙門寶貴合　存（見開元釋教錄卷十一）
㈤金光明最勝王經十卷　唐義淨譯　存（見開元釋教錄卷十一）

按金光明經八卷本是隋代沙門寶貴的「合本」而非譯本，但在唐代義淨譯本未出現之前，卻是最完整而權威的傳本，隋代日嚴寺沙門釋彥琮於「合部金光明經序」一文中，仔細的記載隋代之前金光明經的傳譯過程，並將各譯本的異同一一指明：

（前略）金光明，見有三本，初在涼世，有曇無讖譯爲四卷，止十八品，其次周世，闍那崛多（元本、明本作耶舍崛多）譯爲五卷，成二十品，後逮梁世，眞諦三藏於建康譯：三身分別、業障滅、陀羅尼最淨地、依空滿願等四品，足前出沒，爲二十二品，其序果云：曇無讖法師稱金光明經篇品闕漏。每尋文揣義，謂此説有徵，而讎校無指，永懷寤寐，寶貴每歎，此經秘奧，後分云何，竟無囑累，舊雖三譯，本疑未周，長想梵文，願言逢遇，大隋馭寓，新經即來，帝敕所司，相續翻譯，至開皇十七年，法席小間，因勸請北天竺揵陀羅國三藏法師（元本、明本於法師二字之下加闍那崛多），此云志德，重尋後本，果有囑累品，復得銀主陀羅尼品，故知法典源散，派別條分，承注末流，理難全具，賴三藏法師，慧性沖明，學業優遠，內外經論，多所博通，在京大興善寺，即爲翻譯，並前先出，合二十四品，寫爲八卷，學士成都費長房筆受，通梵沙門日嚴寺釋彥琮校練，寶珠既足，欣躍載深，願此法燈，傳之永劫。（見大正藏十六冊，頁三五九）

又開元釋教錄卷十一，於寶貴合本金光明經之下亦附加考訂云：

（前略）撰錄者曰，此合部經，文義備足，其無讖四卷、眞諦七卷，崛多五卷，並皆有闕……謹按長房等錄，周武帝代天竺三藏耶舍崛多譯出一本，名金光明經，更廣壽量大辯陀羅尼經五卷成部，今詳此名，乃非全譯，但於無讖四卷經中，續演二品，其壽量品更續其文，大辯品中，更廣咒法，餘品之中，亦有續者，故云更廣壽量大辯陀羅尼經故六卷。合經序云，壽量大辯又補其闕，以此證知但是續闕，非是別翻。又經序云，闍那崛多譯爲五卷，房等諸錄乃云耶舍崛多者，此二三藏，乃是同師，當時共翻，互載皆得。其六卷經一品顛倒，比校新經，八卷者是。又二經囑累文意全別，六卷囑累乃與法華囑累大況相似，未詳所以。

觀察上引兩段考證文字，我們可以發現，曇無讖雖然創譯四卷本金光明經，但自己卻不滿意，因爲「篇品闕漏」，其後眞諦、耶舍崛多、寶貴等熱心人士，一再爲該經補譯、合本，以求其完整，直到唐代義淨重譯本出現，才算有面目全新的新譯本。又大正藏第十六冊金光明最勝王經之後附記云：「此經梵筴，英國王立亞細亞協會所藏，比諸當譯，頗有所缺，若陀羅尼，不存者甚多矣，即依宗教大學圖書館西藏本，對比出之，蓋蕃藏金光明經有兩部，其一實原義淨漢本，吻合固其所已耳，而間有少異，讀者就知焉。」茲爲進一步了解各譯本存闕異同狀況，試將其品目列舉如后：

梵本	曇無讖譯四卷本	寶貴合部八卷本	義淨譯十卷本
1. Nidana	1.序	1.序	1.序品
2. Tsthagatayu-spramana nirdcsa	2.壽量	2.壽量	2.如來壽量品
		3.三身分別	3.分別三身品
3. Svapna 4. Desana	3.懺悔	4.懺悔	4.夢見金鼓懺悔品
		5.業障滅	5.滅業障品
		6.陀羅尼最淨地	6.最淨地陀羅尼品

5. Kamalakara	4. 讚歎	7. 讚歎	7. 蓮華喻讚品
			8. 金勝陀羅尼品
6. Sunyata	5. 空	8. 空	9. 重顯空性品
		9. 依空滿願	10. 依空滿願品
7. Catur-maharaja	6. 四天王	10. 四天王	11. 四天王觀察人天品
（同上）	（同上）		12. 四天王護國品
		11. 銀主陀羅尼	13. 無染著陀羅尼品
			14. 如意寶珠品
8. Sarasvati-devi	7. 大辯天神	12. 大辯天	15. 大辯才天女品
9. Sri-mahadevi	8. 功德天	13. 功德天	16. 大吉祥天女品

10. Sarvabudbha-bodhisattvasamdharani	（同上）		17.大吉祥天女增長財物品
11. Drdhaprthividevata	9.堅牢地神	14.堅牢地神	18.地神品
12. Sanjaya	10.散脂鬼神	15.脂散鬼神	19.僧愼爾耶藥叉大將品
13. Devendra-samaya	11.正論	16.正論	20.王法正論品
14. Susamghava	12.善集	17.善集	21.善生王品
15. Yaksa	13.鬼神	18.鬼神	22.諸天藥叉護持品
16. Vyakarana	14.授記	19.授記	23.授記品
17. Vyadhiprasamana	15.除病	20.除病	24.除病
18. Jalavahanasya matsya-vaineya	16.流水長者子	21.流水長者子	25.長者子流水品

19. Vyaghri	17.捨身	22.捨身	26.捨身品
20. Sarvatathagatastava	18.讚佛	23.讚佛	27.十方菩薩讚歎品
（同上）	（同上）	（同上）	28.妙幢菩薩讚歎品
21.（品名缺）	（同上）	（同上）	29.菩提樹神讚歎品
			30.大辯才天女讚歎品
	19.囑累	24.付囑	31.付囑品

（以上資料引自大正藏第十六冊目錄，筆者重新排列，以求醒目）

比對上表，有三點特別値得注意：㈠梵本品目理當最完整，而事實卻不然，所謂「比諸當譯（指義淨譯本），頗有所缺，若陀羅尼，不存者甚多矣」，其原因可能英國王立亞細亞協會所藏的梵本，與義淨所依據的梵本，並非同本，而是兩個不同部派的傳本的緣故。㈡曇無讖譯本與梵本比較，似乎較爲相近，曇無讖翻譯時是依據寫本梵本或口誦梵本，因缺史料記載，不得確知，但依據本傳云：「誦經日得萬言……年二十，誦大小乘經二百餘萬言」，及前引曇無讖感歎金光明經「篇品闕漏」、「讎校無指」推測，曇無讖很可能是依據自己的憶誦翻譯，而其後眞諦、闍那崛多的補譯，則是依據寫本梵本翻譯，大周刊定衆經目錄卷三新合金光明經之下附記云：「（前略）梁武帝大同年中，敕遣直後張記等，屈西天竺優禪尼國三藏法師波羅末陀，梁言眞諦，並賫經論，恭膺帝旨，太清元年，譯諸經目，果闕三身分別、業障滅、陀羅尼最淨地、依空滿願等四品，今別成爲七卷。依新來經二百六十部內，其間復有銀主陀羅尼品及囑累品，法師譯出，沙門彥琮重覆校勘，合爲八卷，品部究足，始自乎斯。」

㈢唐義淨譯本最晚出，比諸其他各本，也最完整，因此義淨所依據的梵本，可能是「集大成」的綜合本，足以囊括各本而無缺漏。

綜合以上對金光明經譯本的探討，我們可以明顯發現梵文原典不全是造成金光明經一再補譯、合本、重譯的主要原因。

涅槃經的譯本，包括劉宋時代慧嚴、慧觀、謝靈運等人的改治本，總共有八個，茲依開元釋教錄卷十一、卷十四，及大正藏目錄，將其經本傳譯狀況，依時代先後列舉如下：

1. 梵般泥洹經二卷	後漢支婁迦讖譯	佚	第一譯
2. 大般涅槃經二卷	曹魏安法賢譯	佚	第二譯
3. 大般泥洹經二卷	吳支謙譯	佚	第三譯
4. 大般泥洹經六卷	東晉法顯共覺賢譯	存	第四譯

5.大般涅槃經四十卷　北涼曇無讖譯　存　第五譯

6.般泥洹經二十卷　北涼智猛譯　佚　第六譯

7.大般涅槃經三十六卷　劉宋慧嚴等改治本　存　第七譯

8.大般涅槃經後譯荼毗分二卷　唐若那拔陀羅譯　存　第八譯

按後漢支婁迦讖譯本的狀況如何，因文獻缺錄，不得詳知其情。曹魏安法賢譯本，據開元釋教錄卷十四所載：「略前品爲二卷」，顯然是一個摘譯本，而前品所包括的範圍，即是曇無讖譯本的前五品（壽命品、金剛身品、名字功德品、如來性品、一切大衆所問品）。吳支謙譯本，據開元釋教錄卷十四所載：「譯序品、哀歎品爲二卷」，則此本只是節譯涅槃經中的兩品而已。法顯共覺賢譯本，據梁高僧傳卷三法顯本傳所載，梵本是得自中天竺摩揭提邑、波連弗、阿育王塔、南天王寺，又據出三藏記集卷八「六卷泥洹記」所載，其傳譯過程是：「義熙十三年（西元四一七年）十月一日，於謝司空石所立道場寺，出此方等大般泥洹經，至十四年正月二日，校定盡訖，禪師佛大跋陀，手執胡本，寶雲傳譯，于時坐有二百五十人。」又開元釋教錄卷十一云：「大般泥洹經六卷，東晉平陽沙門釋法顯共覺賢譯……是大般涅槃經之前分，盡大衆問品同本異譯。」按此說恐誤，因爲比對各本品，則可發現法顯譯本與慧觀改治本品目重疊，而與曇無讖譯本差別甚大，改治本是以法顯和曇無讖譯本爲底本，因此不可說是「同本異譯」。曇無讖譯本的傳譯經過，見於出三藏記集卷八道朗法師之「大涅槃經序」及未詳作者之「大涅槃經記序」，而梁高僧傳卷二所載最爲詳細：「（曇無讖）齎大涅槃前分十卷……

進到姑臧……河西王沮渠蒙遜僭據涼土，自稱爲王，聞讖名，呼與相見，接待甚厚，蒙遜素奉大法，志在弘通，欲請出經本，讖以未參土言，又無傳譯，恐言舛於理，不許即翻，於是學語三年，方譯寫初分十卷，時沙門慧嵩、道朗，獨步河西，値其宣出經藏，深相推重，轉易梵文，嵩公筆受，道俗數百人，疑難縱橫，讖臨機釋滯，清辯若流，兼富於文藻，辭製華密……讖以涅槃經本，品數未足，還外國究尋，値其母亡，遂留歲餘，後於于闐更得經本中分，復還姑臧譯之。後又遣使于闐，尋得後分，於是續譯爲三十三卷，以僞玄始三年（西元四一四年）」，初就翻譯，至玄始十年（西元四二一年）十月二十三日方竟，即宋武永初二年。」按曇無讖譯本前後分三次完成，時間長達七年，而法顯譯本則在此年間（西元四一七年）譯成，因此孰先孰後，不易斷定。智猛譯本，據梁高僧傳卷三本傳云：「後至華氏國，阿育王舊都，有大智婆羅門，名羅閱家……猛於其家得大泥洹梵本一部，又得僧祇律一部，及餘經梵本，誓願流通，於是便反，以甲子歲（劉宋文帝元嘉元年——西元四二四年）發天竺，同行三伴，於路無常，唯猛與曇纂俱還於涼州，出泥洹本，得二十卷，以元嘉十四年（西元四三七年）入蜀。」按智猛譯本已佚，品目內容如何，不得詳知。慧嚴等人的改治本，據梁高僧傳卷七慧嚴本傳云：「大涅槃經初至宋土，文言致善，而品疏簡，初學難以措懷，嚴迺共慧觀、謝靈運等，依泥洹本（按指法顯譯本）加之品目，文有過質，頗亦治改。」又開元釋教錄卷十一云：「其涅槃經，宋文帝代元嘉中，達於建業，時有豫州沙門范慧嚴、清河沙門崔慧觀、陳郡處士謝靈運等，以讖前經，品數疏簡，乃依舊泥洹經（按指法顯譯本），加之品目，文有過質，頗亦改治，結爲三十六卷，行於江左，比於前經，時有小異。」按涅槃經有南本、北本之分，就是因此而來。謝靈運是南朝的大文學家，慧觀的文學造詣也很深厚，梁高僧傳卷七慧觀本傳云：「元嘉初，三月上巳，車駕臨曲水讌會，命觀與朝士賦詩，觀即坐先獻，文旨清婉，事適當時。」因此經過他們合力改治的南本，在南朝大爲流通。爲進一步了解法顯六卷本，慧嚴改治三十六卷南本，曇無讖四十卷北本，其異同分合狀況，試將其品目比對排列如下（爲比對方便，以南本居中）：

法顯六卷本	慧嚴三十六卷南本	曇無讖四十卷北本
序品一 大身菩薩品二	序品一	壽命品一
長者純陀品三	純陀品二	
哀歎品四	哀歎品三	
長壽品五	長壽品四	
金剛身品六	金剛身品五	金剛身品二
受持品七	名字功德品六	名字功德品三
四法品八	四相品七	
四依品九	四依品八	

分別邪正品十	邪正品九	
四諦品十一	四諦品十	
四倒品十二	四倒品十一	
如來性品十三	如來性品十二	如來性品四
文字品十四	文字品十三	
鳥喻品十五	鳥喻品十四	
月喻品十六	月喻品十五	
問菩薩品十七	菩薩品十六	
隨喜品十八	一切大衆所問品十七	一切大衆所問品五
	現病八品十八	現病品六
	聖行品十九	聖行品七
	梵行品二十	梵行品八
	嬰兒行品二十一	嬰兒行品九
	光明遍照高貴王菩薩品二十二	光明遍照高貴王菩薩品十

師子吼菩薩品二十三	師子吼菩薩品十一
迦葉菩薩品二十四	迦葉菩薩品十二
憍陳如品二十五	憍陳如品十三

由上表可知，慧嚴三十六卷南本的前十六品，大抵依照法顯本而來（序品除外，另品名少異），十七品之後則完全依照曇無讖北本，所以南本可視爲不折不扣的「合本經」。唐若那跋陀羅譯本，據開元釋教錄卷十一云：「大唐南海波凌國沙門會寧，於彼國共譯……是前大般涅槃經之餘，憍陳如品之末，兼說滅度已後焚燒等事……今尋此經，與長阿含初分遊行經少分相似而不全同，經中復言法身常存，常樂我淨，佛菩薩境界，非二乘所知，與大涅槃義理相涉，經初復題陳如品末，文勢相接，且編於此，後諸博識，詳而定之。」按此譯本包含五品：憍陳如品之餘、遺教品、應今盡還源品、機感荼毗品、聖軀廓潤品，其中除憍陳如品之外，均非涅槃經之經文，開元釋教錄說它「與遊行經少分相似」，又說「法身常存，常樂我淨」等義理，非二乘所知，因而採取保留態度，不明確認定它是涅槃經的重譯本，這種審慎的治學態度，十分可取。

經由以上對涅槃經八個譯本的檢討，可知支婁迦讖、安法賢、支謙等人的二卷本，都是佛教初傳時期，隨緣摘譯或節譯的譯本，具有階段性傳教功能，但譯本價值不高，即使法顯譯本也非全本，曇無讖譯本分三次完成，前後譯經時間長達七年，往返西域搜尋梵本，備極艱辛，始完成全本，可見梵本不全，對譯經事業是一項十分困擾的障礙。

二、因漢譯本諸問題而引起重譯

因漢譯本不佳而引起重譯的現象，大概可以分爲三類，一、舊譯本未將經典的思想正確傳譯出來，二、因舊譯本所用的語彙，無法準確傳達佛學思想的概念，三、原典是全本，而舊譯本只節譯或抽譯其中某一片段或大意。由於漢譯本有以上三種常見的現象出現，因而譯經大師們明明知道某部經典已有許多舊譯本，但卻不得不堅持重譯新經。

(一)舊譯本思想不正確

鳩摩羅什重譯大小品般若經的動機，是爲了糾正舊譯本的錯誤思想，在羅什之前，小品經已有八個譯本，大品經有兩個譯本（參見前文），既然羅什之前大小品般若經已有如此多的舊譯本，而羅什卻還積極重譯新經，原因就是羅什發現舊譯本無法將中觀思想正確傳譯出來，梁高僧傳卷二本傳云：「既覽舊經，義多紕繆，皆由先度失旨，不與梵本相應。」自東漢末年支婁迦讖譯出般若道行品經以後，般若經典就相繼譯出，中國佛教學者對於這種義理深奧，思維方式又完全異於中國傳統思想的新學說，感到既新鮮又惶惑，不知如何接納。正巧，此時魏晉玄學盛行，因此佛教學者就借用玄學「有、無」的概念，去理解闡釋般若「性空」學說，「格義」和「六家七宗」是當時慣用的方式，「格義」是竺法雅和康法朗所創的方法，即「以經中事數，擬配外書，爲生解之例」（見梁高僧傳卷四竺法雅傳），也就是採用玄學思想慣用的名詞、概念，去比附般若經的名詞、概念，進而理解般若「性空」思想。六家是指本無家（釋道安）、即色家（支道林）、心無家（支愍度）、識含家（于法開）、幻化家（釋道壹）、緣會家（于道邃），加上本無異家（竺法深、竺法汰）則爲七宗，他們也是借用玄學思想以理解般若思想。然而這兩種方法都無法正確理解般若思想，道安法師晚年云：「先舊格義，與理多違」（見梁高僧傳卷四本傳），僧叡法師亦云：「自慧風東扇，法言流詠以來，雖曰講肆，格義迂而乖本，六家偏而不即」（見出三藏記集卷八毗摩羅詰提經義疏序）。因此道安晚年曾嚐試用「合本」的新方法理解般若經，我們可以從道安的《合放光、光讚略解》及《摩訶鉢羅若波羅蜜經抄序》（同上卷八）看出端倪，然而這終究不是最正確的途徑。

羅什在長安譯大品經時，「什持梵本，興（指秦主姚興）執舊經，以相讎校，其新文異舊者，義皆圓通」（見梁高僧傳卷二本傳）由於舊譯本的影響根深柢固，羅什無法在短時間內破除歸正，爲此，羅什不得不採用「譯講同施」和譯出印度佛教學者解說般若經的「論著」，以證明自己所譯不差，藉以取得佛教界的認可。羅什譯大品經時「與諸宿舊義業沙門……等五百人，詳其義旨，審其文中，然後書之」（見出三藏記集卷八僧叡大品經序），譯其他經典時，譯場（同時也是講堂）之內的信徒甚至多達二三千人，傳譯過程還不時出現討論、辯論的爭執。羅什爲了進一步取信於佛教界，還將《大智度論》、《中論》、《百論》、《十二門論》等闡揚般若學說的印度論著譯成中文，以證明自己所譯的般若經，品質絕對可靠。

經過羅什苦心孤詣的努力，般若中觀思想才正確不誤的移植到中國來，他的高足僧肇因而寫成《不眞空論》、《物不遷論》、《般若無知論》等三篇中國佛學史上的偉大論著，一方面總結批判魏晉玄學與佛學合流的現象，同時將中國般若思想的發展，推向另一高峰。

(二)舊譯本語彙不妥當

早期擔任主譯的譯經大師，大都爲來華的外籍僧侶，隋唐時代中國僧侶如玄奘、義淨等，學貫中印，才改變由外籍僧侶擔任主譯的現象。由外籍僧侶擔任主譯，因外籍僧侶不閑漢語，往往影響譯本的品質，此種現象極爲常見，例如梁高僧傳卷一維祇難傳云：

吳黃武三年（西元二二四年），（維祇難）與同伴竺律炎，來至武昌，齎曇缽經梵本，曇缽者，即法句經也。時吳主共請出經，難既未善國語，乃共其伴律炎，譯爲漢文，炎亦未善漢言，頗有不盡，志存義本，辭近朴質。至晉惠之末，有沙門法立，更譯爲五卷。

又出三藏記集卷八僧叡法師思益經序云：

此經天竺正音名毗絁沙眞諦，是他方梵天殊持妙意菩薩之號也，詳聽什公傳譯其名，幡（宋元明本作翻）覆展轉，意似未盡，良由未備秦言，名實之變故也。察其語意，會其名旨，當是「持」意，非「思益」也，直以未喻「持」義，遂用「益」耳。

又同書卷九道慈法師中阿含經序云：

此諸經律，凡百餘萬言，並違本失旨，名不當實，依悕屬辭，句味亦差，良由譯人造次，未善晉言，故使爾耳。……冀州道人釋法和，罽賓沙門僧伽提和，招集門徒，俱遊洛邑，四五年中，研講遂精，其人漸曉漢語，然後乃知先之失也，於是和乃追恨先失，即從提和更出阿毗曇及廣說也，自是之後，此諸經律，漸皆譯正。

又同書卷十阿毗曇心序云：

釋和尚昔在關中，令鳩摩羅跋提出此經，其人不閑晉語，似（宋元明本作以）偈本難譯，遂隱而不傳，至於斷章，直云修妒路，及見提婆，乃知有此偈，以偈檢前所出，又多首尾隱沒，互相涉入，譯人所不能傳者，彬彬然，是以勸令更出。

由以上引文可知，主譯大師的漢語造詣，對譯文的品質影響至巨，尤其語彙的應用，更直接影響思想概念是否正確傳達。羅什在譯大品般若經時，「其事數之名，與舊不同者，皆法師以義正之者也，如「陰」「入」「持」等，名與義乖，故隨義改之，「陰」爲「衆」，「入」爲「處」，「持」爲「性」，「解脫」爲「背捨」，「除入」爲「勝處」，「意止」爲「念處」，「意斷」爲「正勤」，「覺意」爲「菩提」，「直行」爲「聖道」，諸如此者，改之甚衆。胡音失者，正之以天竺，秦言謬者，定之以字義，不可變者，即而書之，是以異名斌然。」（見出三藏記集卷八僧叡法師大品經序）可見羅什的新譯本在創譯佛學新語彙方面，改進甚多。

梁僧祐律師出三藏記集卷一《前後出經異記第五》曾將新舊經所用佛學語彙列表對照，從中我們發現新經所用的語彙，確實較高明，不但契合佛理，而且較適合中國人的語言習慣，因而普遍流通於後世，茲表列如下，以供參考：

舊經	新經
衆祐	世尊
扶薩（亦云開士）	菩薩
各佛（亦獨覺）	辟支佛（亦緣覺）
薩芸若	薩婆若
溝港道（亦道跡）	須陀洹
頻來果（亦一往來）	斯陀含
不還果	阿那含
無著果（亦應眞、亦應儀）	阿羅漢（亦言阿羅訶）
摩納	長者

濡首	文殊
光世音	觀世音
須扶提	須菩提
舍梨子（亦秋露子）	舍利弗
爲五衆	爲五陰
十二處	十二入
爲持	爲性
背捨	解脫
勝處	除入
正斷	正勤
覺意	菩提
直行	正道
乾沓	乾闥婆
除饉、除饉女	比丘、比丘尼
怛薩阿竭阿羅訶三耶三佛	阿耨多羅三藐三菩提

在中國佛經翻譯史上，有些譯經大師或助譯僧侶，他們長期從事譯經工作，在實踐中體會到要將經典「信、達、雅」的傳譯出來，確實不容易，他們爲了指導後人，而將譯經心得記錄下來，成爲珍貴的「譯經理論」，道安有「五失本、三不易」說，彥琮有「八備、十條要例」說，玄奘有「五種不翻」說，贊寧有「新意六例」說，羅什雖未提出具體理論名目，但在本傳和經序中，我們可以發覺「重視文飾、譯理正確、訂正名實」等，是羅什非常留意的重點（註九）。這些譯經理論的主要內容，大都在討論如何創譯更準確的佛經語彙。

㈢舊譯本採用節譯、抽譯的方法

漢代爲佛教初入中國時期，當時中國的信仰者，未能正確理解這種外來的宗教，將它比附爲黃老之學或神仙方術類的傳統信仰，後漢書卷三十襄楷傳云：「聞宮中立黃老、浮屠（按即佛陀、佛之音譯）之祠，此道清虛、貴尚無爲，好生惡殺，省欲去奢」，又牟子理惑論記載一則東漢明帝感夢神人而發使求經的故事，都足以說明此種現象。因此初期來華的西方僧侶，他們的主要傳教工作是首先取得中國人的認同，翻譯佛經，宣傳佛理反而變成次要目標，據開元釋教錄卷一統計，漢代所譯經典總供二百九十二部，三百九十五卷，平均每部經典不滿二卷，可見初期所譯，都是一些小經典，以安世高爲例，他所譯的經典總供九十五部，一百一十五卷（見開元釋教錄卷一），其中除已佚的修行道地經爲「七卷」外，其他都是一、二卷的小經典，而且許多是節譯四阿含經中的某一片段，取其足以開示大衆，對於佛典並無「求全求備」的企圖，因此這些小部經典，後來都有重譯本出現。

漢譯本「律」典的流通，也與中國佛教發展有密切的關係，漢魏時代，「正信」佛教尚未開展，雖然此時已有中國信徒落髮出家，但並未完全遵守佛教的戒規科儀，梁高僧傳卷一曇柯迦羅傳云：

（曇柯迦羅）以魏嘉平中（西元二四九～二五三年）來至洛陽，于時魏境雖有佛法，而道風訛替，亦有衆僧，未稟歸戒，正以剪落殊俗耳，設復齋懺，事法祠祀。迦羅既至，大行佛法，時有諸僧，共請迦羅譯出戒律，迦羅以律部曲制，文言繁廣，佛教未昌，必不承用，乃譯出《僧祇戒心》，止備朝夕，更請梵僧，立羯磨法受戒。中夏戒律，始自于此。

按印度律典卷帙龐大，內容繁瑣，漢地流行的四部廣律：十誦律六十一卷（姚秦弗若多羅共羅什譯）、四分律六十卷（姚秦佛陀耶舍共竺念譯）、摩訶僧祇律四十卷（東晉佛陀跋羅共顯譯）、五分律三十卷（劉宋佛陀什共竺道生等譯），都是南北朝時代，佛教已經普遍流行中國之後才譯出，漢魏時期「佛教未昌，必不承用」，因此曇柯迦羅雖應信徒要求，譯出律典，但只譯出《魏僧祇戒本一卷》（見長房錄卷五），適合當時應用而已，至於全本，只得期待後世時機成熟再重譯了。

鳩摩羅什翻譯大智度論、百論、十二門論等四部印度中觀學說的重要論著，主要在糾正「格義」、「六家七宗」的錯誤（內容已見前文），因此只要能夠達成目的，羅什並非將這幾部「論著」全本翻譯，尤其大智度論百卷、百論二卷，即有明顯的刪節現象，出三藏記集卷十僧叡大智釋論序云：

論之略本有十萬偈，偈有三十二字，並三百二十萬言，胡夏既乖，又有煩簡之異，三分除二，得此百卷，於大智三十萬言。……胡文委曲，皆如初品，法師以秦人好簡，故裁而略之，若備譯其文，將近千有餘卷。

又大智論記云：

論初品三十四卷，解釋一品，是全論，其本二品已下，法師略之，取其要，足以開釋文意而已，不復備其廣釋，得此百卷，盡若出之，將十倍於此。（見出三藏記集卷十）

由前引二文可知，百卷本大智度論的第一品，羅什將其內容全部譯出，絲毫沒有刪節，二品以下則「裁而略之」、「取其要，足以開釋文意而已」，因此整部大智度論譯本的篇幅，比起原典，大約只佔十分之一而已。又《百論》的翻譯，與大智度論也有近似之處，僧肇百論序云：「論凡二十品，品各五偈，後十品，其人以爲無益此土，故闕而不傳」（見出三藏記集卷十一）因此《百論》的譯本內容，只是梵文原典的前半部而已。

大智度論和百論是典型的抽譯、節譯本，但後來卻未再出現重譯本，這可能是印度中觀思想發展已經完全成熟，而中國佛教學者依據已譯的典籍，也已完全領納有關。不過，抽譯、節譯的譯經方式，確實是引起重譯的主要原因之一，阿毗曇心序云：「釋和尙（按即釋道安）昔在關中，令鳩摩羅跋提出此經，其人不閑晉語，似（宋元明作以）偈本難譯，遂隱而不傳，至於斷章，直云修妒路，及見提婆（按即僧伽提婆），乃知有此偈，以偈檢前所出，又多首尾隱沒，互相涉入，譯人所不能傳者，彬彬然，是以勸令更出。」（見出三藏記集卷十）鳩摩羅跋提的譯本刪除「偈」的部份，在分章方面也有省略，因此有重譯的必要，後來慧遠爲新譯本另寫一篇序文，盛讚新譯本的優點。

追求全本是玄奘大師譯經的重要原則之一，玄奘大師譯大般若經六百卷，十六分，四百八十三萬餘字，這是玄奘所譯最龐大的一部經典，也是所有漢譯佛典中最龐大的一部，檢閱經錄，我們可以發現玄奘之前大概有六七十部般若經的舊譯本，但分量都只佔玄奘譯本的部分而已。阿毗達摩大毗婆沙論二百卷，一百三十六萬餘字，是玄奘所譯的第二大經，在玄奘之前，此經已有二部譯本，其一毗婆沙論十四卷，十五萬餘字，苻秦僧伽跋澄譯，關於這個譯本，道安法師在《毗婆沙序》一文中云：「經本甚多，其人忘失，唯四十事，是釋阿毗曇十門之本，而分十五事爲小品，迴著前，以二十五事爲大品，而著後，此大小二品全無所損，其後二處，是忘失之遺者。」（見出三藏記集卷十）可見這是一個不全的譯本。其二阿毗曇毗婆沙論六十卷，五十八萬字，北涼浮陀跋摩譯，關於這個譯本，道珽法師在《毗婆沙經序》一文中記載，原譯本「通一百卷」，後因「涼城覆沒，淪湮遐境，所出經本，零落殆盡，今涼王信向發中，深探幽趣……更寫已出本六十卷」（見同上）可見這也是一個不全的譯本。瑜伽師地論一百卷，八十餘萬字，是玄奘所譯的第三部大經，在玄奘之前此經已有三個舊譯本，其一菩薩地持經十卷，九萬餘字，北涼曇無讖譯，即瑜伽本地分中第十五菩薩地別譯，缺第四持。其二菩薩善戒經九卷，七萬餘字，劉宋求那跋摩譯。其三決定論藏三卷，二萬餘字，梁眞諦譯，即瑜伽決擇分中五識身相應地、意地別譯。可見這三個舊譯本都非全本。檢閱以上三部大經的傳譯，我們可以察覺玄奘之所以要耗費心力，重譯這些大部頭的經典，就是因爲這三部大經典的舊譯本大都不全，屬於抽譯或節譯的緣故。

三、因譯人亡故或時局動亂而引起重譯

造成漢譯本佛經一再重譯的原因，除了前文論述的「原典」、「譯本」等兩項主要因素之外，譯人亡故、時局動亂等因素，有時也會影響譯本的品質，或譯本的流通，因而引起重譯。

漢譯本佛典之中，六十一卷本《十誦律》的傳譯過程，可以算是最曲折的一部，先後經過三個階段，四位譯經大師的努力而完成定稿。梁高僧傳卷二弗若多羅傳云：

（弗若多羅）以僞秦弘始中，振錫入關，秦上姚興待以上賓之禮，羅什亦挹其戒範，厚相宗敬。先是經法雖傳，律藏未闡，聞多羅既善斯部，咸共思慕，以僞秦弘始六年（西元四〇四年）十月十七日，集義學僧數百餘人，於長安中寺，延請多羅誦出十誦梵本，羅什譯爲晉文，三分獲二，多羅遘疾，奄然棄世，眾以大業未就，而匠人殂往，悲恨之深，有踰常痛。

十誦律第一階段的傳譯，由弗若多羅和鳩摩羅什合作進行，十誦律的梵本由弗若多羅「口誦」而出，再由鳩摩羅什譯成漢文，可惜只完成三分之二，弗若多羅就罹疾謝世，譯經事業被迫停頓。正巧曇摩流支來到長安，廬山慧遠修書請他續成譯經事業，十誦律的傳譯因而進入第二階段，梁高僧傳卷二曇摩流支傳云：

(曇摩流支)偏以律藏馳名，以弘始七年(西元四〇五年)秋，達自關中，初弗若多羅誦出十誦，未竟而亡，廬山釋慧遠聞支既善毗尼，希得究竟律部，乃遣書通好曰：「佛教之興，先行上國，自分流以來，四百餘年，至於沙門德式，所闕尤多。頃西域道士弗若多羅，是罽賓人，甚諷十誦梵本，有羅什法師，通才博見，爲之傳譯，十誦之中，文始過半，多羅早喪，中途而寢，不得究竟大業，慨恨良深。傳聞仁者齎此經自隨，甚欣所遇，冥運之來，豈人事而已耶。想弘道爲物，感時而動，叩之有人，必情無所吝，若能爲律學之徒，畢此經本，開示梵行，洗其耳目，使始涉之流，不失無上之津，參懷勝業者，日月彌朗，此則慧深德厚，人神同感矣。幸願垂懷，不乖往意，一二悉諸道人所具。」流支既得遠書，及姚興敦請，乃與什共譯十誦都畢，研詳考覈，條制審定，而什猶恨文煩未善，既而什化，不獲刪治。

十誦律第二階段的傳譯，改由曇摩流支和鳩摩羅什共同進行，廬山慧遠和秦主姚興是勸請促成此事的兩位關鍵人物，第一階段傳譯時，梵本由弗若多羅「口誦」而出，第二階段傳譯則因曇摩流支「齎此經自隨」，顯然是依「寫本」傳譯，在譯本完成後，又因「文煩未善」，尚未審訂完畢，羅什就謝世了，因此留下譯經事業的一大遺憾，後由卑摩羅叉完成第三階段定本的最後工作，梁高僧傳卷二卑摩羅叉傳云：

(卑摩羅叉)以僞秦弘始八年(西元四〇六年)，達自關中，什以師禮敬待，叉亦以遠遇欣然，及羅什棄世，叉乃出遊關左，逗於壽春，止石澗寺，律眾雲聚，盛闡毗尼。羅什所譯十誦本五十八卷，最後一誦謂「明受戒法」及「諸成善法事」，逐其義要，名爲（宋元明本「名爲」二字作「改名」）善誦，又後齎往石澗，開爲六十一卷，最後一誦改爲毗尼誦，故猶二名存焉。

卑摩羅叉審訂十誦律做了兩項更動，其一釐訂品名，將「明受戒法、諸成善法事」改爲「善誦」或「毗尼誦」，其二重新分卷，將五十八卷開爲六十一卷。

經由弗若多羅、鳩摩羅什、曇摩流支、卑摩羅叉等四位譯經大師的努力，十誦律的漢譯本才得以完稿傳世，雖然他們「接續」式的譯經情況，有別於一般的「重譯」，但也算是重譯的另一種形態。同時從十誦律的傳譯過程，我們更可以體會出佛教徒虔敬的宗教情懷，對於一部重要佛典的傳譯，他們表現出無比的毅力和耐力。

南北朝時代是中國歷史上擾攘紛亂的時代之一，在三百年之內，除了南北對峙的大局勢之外，北方有五胡十六國的相互征伐，南方有東晉、宋、齊、梁、陳等朝代的宮廷政變，而此時正是佛典漢譯的鼎盛時期，因此有關佛教經本的傳譯和流通，難免不受影響，隋唐時代的佛經目錄學家在編纂佛經目錄時，即發現此一問題，隋法經衆目錄卷七云：

法經等更復竊思，諸家經錄，多是前代賢哲修撰，敬度前賢，靡不皆號一時稽古，而所修撰不至詳審者，非彼諸賢，才不足而學不周，直是所遇之日，天下分崩，九牧無主，名州大郡，各號帝畿，疆埸艱關，並爲戰國，經出所在，悉不相知，學者遙聞，終身莫睹，故彼前哲，雖有材能，若不逢時，亦無所申述也。

又唐道宣大唐內典錄卷十云：

魏晉之後，騰譯鬱蒸，制錄討論，居然非一，或以數列，或用名求，或憑時代，或寄參譯，各紀一隅，務存所見，斯並當時稽古，識量修明，而綴撰筆削，不至詳密者，非爲才不足而智不周也，直以宅身所遇，天下分崩，疆埸關艱，莫閱經部，雖聞彼有，終身不覩。

又唐道宣續大唐內典錄云：

自教被神州，時移九代，朝分眞僞，土雜華夷，所以五涼、四燕、三秦、二趙、夏、蜀之居偏隘，晉宋之據江陰，經部翻傳，隨方而出，上列兼正之國，取其傳譯所由，自餘不言，以無通法故也。

所謂「天下分崩，九牧無主」、「各紀一隅，務存所見」，正說明南北朝動亂的局面，對於佛經文獻的流通，是有阻礙的負面作用，連帶的譯本的品質和譯本的存佚，也因爲戰亂而深受影響，某些經典因而必須重新審訂或重譯，梁高僧傳卷一僧伽提婆傳云：

（僧伽提婆）苻氏建元中（西元三六五～三八四年）來入長安，宣流法化，初僧伽跋澄出婆須蜜、及曇摩難提所出二阿含毗曇廣說三法度等，凡百餘萬言，屬慕容之難，戎敵紛擾，兼譯人造次，未善詳悉，義旨句味，往往不盡。俄而安公棄世，未及改正，後山東清平提婆，乃與冀州沙門法和，具適洛陽，四五年間，研講前經，居華稍積，博明漢語，方知先所出經，多有乖失，法和慨歎未定，乃更令提婆出阿毗曇及廣說眾經。……至隆安元年（西元三九七年）來遊京師（中略），其冬，珣集京都義學沙門釋慧持等四十餘人，更請提婆重譯中阿含等，罽賓沙門僧伽羅叉執梵本，提婆翻爲晉言，至來夏方訖，其在江洛左右所出衆經百餘萬言。

按僧伽提婆之所以要重譯中阿含經等佛典，起因於「屬慕容之難，戎敵紛擾」，僧伽跋澄、曇摩難提等譯經大師即使有佛教高僧釋道安的支持，譯本乃不免大有缺陷。又六十卷本阿毗曇毗婆沙論則是因戰亂而幸存的殘本，出三藏記集卷二云：「（阿毗曇毗婆沙論）凡六十卷，晉安帝時，涼州城內苑閑豫宮譯出，初出一百卷，尋值涼王大沮渠國亂亡，散失經文四十卷，所餘六十卷傳至京師。」又梁高僧傳卷三浮陀跋摩傳云：「有頃，魏虜託（拓）跋燾（當爲燾）西伐姑臧，涼土崩亂，經書什物，皆被焚蕩，遂失四十卷，今唯有六十存焉。」按毗婆沙論的重譯情況已見前文，不另贅述，就北涼本而言，原有百卷，因北魏攻伐北涼而使經本散佚零落，亂後重新收拾，僅得六十卷，百卷本原書凡八犍度，而殘存的六十卷本只剩前面三犍度而已，損失經文達八分之三，所幸玄奘又重譯全本二百卷，使其全貌再見於漢地，否則將鑄成千古一大憾事。

經由以上論述，我們大體可以明瞭漢譯本佛經重譯的原因，由於歷代譯經大師的一再重譯佛經，在經本數量方面，直接爲大藏經增添數以倍計的篇幅，豐富了大藏經的內函。另外，觀察幾部大經如阿含經、般若經、十誦律、毗婆沙論、瑜伽師地論等的重譯狀況，則可深切瞭解中國佛教學者吸納印度佛學的過程，因此探討重譯經的種種現象，雖然屬於佛教文獻學的範疇，但卻是理解中國佛教思想演變的重要基礎。

叁、重譯經的譯本面貌

據筆者仔細觀察，重譯經的譯本面貌，大約可粗分爲三大類：其一，同本重譯類，即原典相同，但因譯人、譯時、譯地的差異，結果出現不同的重譯本。其二，總集重譯類，即原典是一部總集式的大經典，由許多小經典組合而成，早期的譯經大師爲了宣教需求，只抽譯出其中一經或數經，未將整部大經典全部翻傳，其後因緣成熟，某位譯經大師發願重譯這部大經典，始將全典譯出。其三，殘本重譯類，即前代譯經師只摘要譯出某部原典，或節譯某部原典的片段，未將這部原典全部譯出，而由後人譯出全部原典或續成全部原典。茲將以上三種重譯經的譯本面貌，逐一舉例論述如后：

一、同本重譯類

「同本重譯」是重譯經中最常見的譯本面貌，也是最單純的重譯經本，歷代佛典目錄之中，隨處可見「同本」、「同本異譯」、「同本異出」、「本同文異」、「大同小異」等用語，指的都是這類型的重譯本。而所謂「同本」，嚴格的說，應該是原典來自同一地區，版本完全相同，然而事實並非全然如此，印度佛教部派林立，同一部佛說的經典，流通在各部派之間，即有「大同小異」的差異，而這些「大同小異」的原典，很可能循不同管道傳入中國，同時又皆有幸譯成漢文，中國古代的佛典目錄學家對這些原典「大同小異」的漢譯本，也一概視之爲「同本重譯」，因此同本重譯的經本，除了文句必然會有差異之外，可能在品目內容方面，也會出現損益不一的情況。茲舉維摩詰經和唯識論兩部經典爲例，析論如後，一部代表譯本面貌「幾乎全同」，一部代表譯本面貌大同「小異」。

維摩詰經的譯本，總供有七部，經名也微有差異，其中「三存四闕」，茲依時代先後列舉如下：

⑴古維摩詰經二卷	後漢臨淮沙門嚴調佛譯	第一譯	佚
⑵維摩詰經二卷	吳月支優婆塞支謙譯	第二譯	存
⑶異毗摩羅詰經三卷	西晉西域優婆塞竺叔蘭譯	第三譯	佚
⑷維摩詰所說法門經一卷	西晉三藏竺法護譯	第四譯	佚
⑸維摩詰經四卷	東晉西域三藏祇多蜜譯	第五譯	佚
⑹維摩詰所說經三卷	姚秦三藏鳩摩羅什譯	第六譯	存
⑺說無垢稱經六卷	大唐三藏玄奘譯	第七譯	存

（整理自開元釋教錄卷十一、十四）

以上七部維摩詰經，三部現存者，開元釋教錄註明「同本異譯」，四部闕本者，開元釋教錄註明「同本」，可見不論存佚，應該都屬於同本重譯類。我們如果進一步將三本現存者的品目列表比對，更會發現其譯本面貌幾乎完全相同：

維摩詰經二卷（支謙譯）	維摩詰所說經三卷（鳩摩羅什譯）	說無垢稱經六卷（玄奘譯）
1.佛國品	1.佛國品	1.序品
2.善權品	2.方便品	2.顯不思議方便巧品
3.弟子品	3.弟子品	3.聲聞品
4.菩薩品	4.菩薩品	4.菩薩品
5.諸法言品	5.問疾品	5.問疾品
6.不思議品	6.不思議品	6.不思議品
7.觀人物品	7.觀衆生品	7.觀有情品
8.如來種品	8.佛道品	8.菩提分品
9.不二入品	9.入不二法門品	9.不二法門品
10.香積佛品	10.香積佛品	10.香臺佛品
11.菩薩行品	11.菩薩行品	11.菩薩行品
12.見阿閦佛品	12.見阿閦佛品	12.觀如來品

13.法供養品	13.法供養品	13.法供養品
14.囑累彌勒品	14.囑累品	14.囑累品

經由以上比對，我們可以發現，現存三部維摩詰經的品目數量相同，都是十四品，而且第四品、第六品、第十一品、第十三品等四品的品目譯名完全相同，其他各品的品目譯名雖不完全相同，但也都有相似或意義相通之處，這是典型「同本異譯」所呈顯出來的譯本面貌。

唯識論的譯本，總供有三部，三部也都有幸流傳於後世，茲依時代先後列舉如下：

1.唯識論一卷	元魏婆羅門瞿曇般若流支譯	第一譯	存
2.唯識論一卷	陳天竺三藏眞諦譯	第二譯	存
3.唯識二十論一卷	大唐三藏玄奘譯	第三譯	存

（整理自開元釋教錄卷十二）

按以上三部唯識論，開元釋教錄分別在四處註明其爲「同本」。（註一〇），然而經過仔細比對，可以發現「大同」之中仍存有「小異」的差別。窺基是玄奘的大弟子，玄奘譯唯識二十論時，窺基擔任筆受的職務，在玄奘的弟子之中，窺基的唯識學造詣，可稱得上第一人，他在研究比對三部唯識論之後云：

覺愛法師（按即般若流支），文多頌少，家依三藏（按即眞諦），文少頌多，今此所翻（按指玄奘譯本），文頌析中（按「析中」可能爲「折中」之誤）。且如覺愛法師有二十三頌，一十八紙，家依法師乃有二十四頌，總有九紙，今者新譯，有二十一頌，乃總八紙。覺愛所翻第二十一引經之頌，餘二本無，家依所翻禮首二頌歸敬之偈，餘二本無，故知皆是譯家增取釋文，翻之於論本也。其次，最初立宗之偈，舊二論有，唯新論無，校三梵本，及勘顯題目，都不合有，名唯識二十，何得有焉。覺愛增初一頌，及第二十偈，家依乃增初之三頌，故知所餘二十一頌，三論皆有，是根本文，以二十頌顯暢唯識，是故名爲唯識二十，末後一頌，結歎歸能，非明宗義。（見窺基唯識二十論述記卷上）

由以上窺基的討論之中，我們可以發現三部「同本」的唯識論譯本，存有「文多頌少」、「文少頌多」「文頌析中」的「小異」，依照窺基的看法，他認爲乃師玄奘的譯本，最標準、最權威，也就就唯識論應該包含二十一頌，其中二十頌是經本的主體，用以「顯暢」唯識思想，最後一頌用以「結歎歸能」，只有結束語的形式作用，與唯識思想無關。至於般若流支的譯本多出二頌，眞諦的譯本多出三頌，窺基認爲是「譯家增取釋文，翻之於論本也」。窺基的析論，的確十分仔細，然而仍不免有「入主出奴」的嫌疑，因爲窺基很主觀的認爲乃師玄奘的譯本，比其他兩本優秀，他在唯識二十論述記卷上云：「昔覺愛法師，魏朝創譯，家依三藏，陳代再翻，今我和上三藏法師玄奘，校諸梵本，睹先再譯，知其莫閑奧理，義多缺謬，不悟聲明，詞甚繁鄙，非只一條，難具陳述。」經由窺基如此批評，其他兩個譯本似乎一無是處，其實並不盡然，我們如將三個譯本的譯文詳加比對，即可發現三本各有千秋，若主觀的肯定其一而否定其餘，未免失之偏頗，因此開元釋教錄單純的將三本視爲「同本異譯」，不作優劣的評論，應該是較爲客觀公允。

二、總集重譯類

總集重譯類的經典，在漢譯本佛典之中，亦爲常見類型，舉凡總集式的經典如四阿含經、大寶積經、大方等大集經等等，均屬之。這些總集式的大經典，分別由數十部，甚至上千部的經典組合而成（註二二），早期的譯經大師往往僅從其中抽譯一二部經典流通，未將整部大經典全部譯出，後來佛教在中國的發展達到一定程度，佛教徒企盼能見到全典的願望逐漸殷切，因而有翻譯全典的盛舉，本文「重譯經舉例」中所引的長阿含經，即爲典型的例證，長阿含經二十二卷，由三十部小經典組合而成，在佛陀耶舍應姚秦君王姚興要求，重譯此經之前，三十部小經典之中，已有許多經典早已傳譯流通於世，茲將這三十部小經典的出經次序統計如下：

屬於第一譯的有　十五部
屬於第二譯的有　七部
屬於第三譯的有　四部

屬於第四譯的有　三部

屬於第五譯的有　一部

由上可知，佛陀耶舍譯長阿含經時，有十五部經典是沒有前人譯本的新譯（即第一譯），另外十五部經典則是重譯前人的譯本（即第二、三、四、五譯的總合），經此新譯、重譯之後，全本三十經的長阿含經始得完整無缺的流通於中國。

大寶積經一百二十卷，四十九會（相當於四十九部經典），也是一部總集式的大經典，完成於唐菩提流志手上，由於這部經典的卷軸龐大，翻譯不易，開元釋教錄卷九菩提流志傳曾記載大寶積經的艱困翻譯過程云：

> 大寶積，此經都有四十九會，上代譯者，摘會別翻而不終部帙。往者貞觀中，玄奘法師往遊印度，將梵本還，於弘福寺譯大菩薩藏經，即是寶積第十二之一會，後於玉華宮寺翻大般若竟，諸德殷勤請翻寶積，奘法師云：「譯寶積之功不謝於般若，余生涯已窮，恐不終其事。」固請不已，遂啓夾譯之，可得數行，乃嗟歎曰：「此經與此土群生未有緣矣，余氣力衰竭，不能辦也。」因而遂輟。流志來日，復齎其梵本，和帝（即唐中宗）命志續奘餘功，遂廣鳩碩德，并召名儒，尋繹舊翻之經，考校新來之夾，上代譯者，勘同即附，昔來未出，案本具翻，兼復舊義擁迷，詳文重譯，始乎神龍二年（西元七〇六年）丙午創筵，迄于睿宗光天二年（西元七一三年）癸丑畢席。於中二十六會三十九卷，流志新譯。

由引文可知，玄奘晚年應佛教大德懇求，原有翻譯大寶積經的意圖，但因年老力衰而不克竟功，後來菩提流志並非將大寶積經的全本翻傳，而是採用⑴「上代譯者，勘同即附」、⑵「昔來未出，案本具翻」、⑶「舊義擁迷，詳文重譯」等三種方式處理，其中⑴項等於不翻，直接將前人譯本納入大寶積經之中，⑵⑶項則屬新譯，因此現存漢譯本大寶積經所呈現出來的面貌，比起其他總集式的大經，就顯得格外特殊。茲將大寶積經四十九會目錄表列如后，並在菩提流志「新譯」的二十六會之下，附入該會的重譯經典（為求醒目，凡屬「勘同即附」類，則略而不附），藉以觀察菩提流志如何重譯、新譯：

大寶積經一百二十卷　唐菩提流志譯并合

1. 三律儀會三卷	唐菩提流志譯	存	第二譯
大方廣三戒經三卷	北涼曇無讖譯	存	第一譯
2. 無邊莊嚴會四卷	唐菩提流志譯	存	第一譯
3. 密跡金剛力士會七卷	西晉竺法護譯	存	勘同編入
4. 淨居天子會二卷	西晉竺法護譯	存	勘同編入
5. 無量壽如來會二卷	唐菩提流志譯	存	第十一譯
無量壽經二卷	後漢安世高譯	佚	第一譯
無量清淨平等覺經二卷	後漢支婁迦讖譯	存	第二譯

阿彌陀經二卷	吳支謙譯	存	第三譯
無量壽經二卷	曹魏康僧鎧譯	存	第四譯
無量清淨平等覺經二卷	曹魏帛延譯	佚	第五譯
無量壽經二卷	西晉竺法護譯	佚	第六譯
無量壽至眞等正覺經一卷	東晉竺法力譯	佚	第七譯
新無量壽經二卷	東晉佛陀跋陀羅譯	佚	第八譯
新無量壽經二卷	劉宋釋寶雲譯	佚	第九譯
新無量壽經二卷	劉宋曇摩蜜多譯	佚	第十譯
6.不動如來會二卷	唐菩提流志譯	存	第三譯
阿閦佛國經二卷	後漢支婁迦讖譯	存	第一譯
阿閦佛刹諸菩薩學成品經二卷	東晉支道根譯	佚	第二譯
7.被甲莊嚴會五卷	唐菩提流志譯	存	第一譯
8.法界體性無分別會二卷	梁曼陀羅仙譯	存	勘同編入
9.大乘十法會一卷	元魏佛陀扇多譯	存	勘同編入
10.文殊師利普門會一卷	唐菩提流志譯	存	第三譯
普門品經一卷	西晉竺法護譯	存	第一譯

普門品經一卷	東晉祇多蜜譯	佚	第二譯
11.出現光明會五卷	唐菩提流志譯	存	第二譯
12.菩薩藏會二十卷	唐玄奘譯	存	勘同編入
13.佛爲阿難說處胎會一卷	唐菩提流志譯	存	第二譯
胞胎經一卷	西晉竺法護譯	存	第一譯
14.佛說入胎藏會二卷	唐義淨譯	存	勘同編入
15.文殊師利授記會三卷	唐實叉難陀譯	存	勘同編入
16.菩薩見實會十六卷	高齊那連提耶舍譯	存	勘同編入
17.富樓那會三卷	姚秦鳩摩羅什譯	存	勘同編入
18.護國菩薩會二卷	隋闍那崛多譯	存	勘同編入
19.郁伽長者會一卷	曹魏康僧鎧譯	存	勘同編入
20.無盡伏藏會二卷	唐菩提流志譯	存	第一譯
21.授幻師跋陀羅記會一卷	唐菩提流志譯	存	第二譯
幻士仁賢經一卷	西晉竺法護譯	存	第一譯
22.大神變會二卷	唐菩提流志譯	存	第一譯
23.摩訶迦葉會二卷	元魏月婆首那譯	存	勘同編入

24.優波離會一卷	唐菩提流志譯	存	第二譯
決定毗尼經一卷	東晉失譯經	存	第一譯
25.發勝志樂會二卷	唐菩提流志譯	存	第二譯
發覺淨心經二卷	隋闍那崛多譯	存	第一譯
26.善臂菩薩會二卷	姚秦鳩摩羅什譯	存	勘同編入
27.善順菩薩會一卷	唐菩提流志譯	存	第一譯
28.勤授長者會一卷	唐菩提流志譯	存	第一譯
29.優陀延王會一卷	唐菩提流志譯	存	第二譯
優塡王經一卷	西晉釋法炬譯	存	第一譯
30.妙慧童女會半卷	唐菩提流志譯	存	第四譯
須摩提經一卷	西晉竺法護譯	存	第一譯
須摩提菩薩經一卷	姚秦鳩摩羅什譯	存	第二譯
妙慧童女所問經一卷	唐菩提流志譯	佚	第三譯（註十二）
31.恒河上優婆夷會半卷	唐菩提流志譯	存	第一譯
32.無畏德菩薩會一卷	唐魏佛陀扇多譯	存	勘同編入
33.無后施菩薩應辯會一卷	西晉聶道眞譯	存	勘同編入

34. 功德寶華敷菩薩會半卷　唐菩提流志譯　存　第一譯
35. 善德天子會半卷　唐菩提流志譯　存　第二譯
文殊師利所說不思議佛境界經二卷　唐菩提流志譯　存　第一譯(註十三)
36. 善住意天子會四卷　隋達摩笈多譯　存　勘同編入
37. 阿闍世王子會一卷半　唐菩提流志譯　存　第三譯
太子刷護經一卷　西晉竺法護譯　存　第一譯
太子和休經一卷　西晉失譯經　存　第二譯
38. 大乘方便會一卷半　東晉竺難提譯　存　勘同編入
39. 賢護長者會二卷　隋闍那崛多譯　存　勘同編入
40. 淨信童女會三分之一卷　唐菩提流志譯　存　第一譯
41. 彌勒菩薩問八法會三分之一卷　元魏菩提留支譯　存　勘同編入
42. 彌勒菩薩所問會三分之一卷　唐菩提流志譯　存　第三譯
彌勒菩薩所問經一卷　西晉竺法護譯　存　第一譯
彌勒所問本願經一卷　東晉祇多蜜譯　佚　第二譯
43. 普明菩薩會一卷　西秦失譯經(註十四)　存　勘同編入
44. 寶梁聚會二卷　北涼釋道龔譯　存　勘同編入

45.無盡慧菩薩會兼後二卷	唐菩提流志譯	存	第一譯
46.文殊說般若會兼前二卷	梁曼陀羅仙譯	存	勘同編入
47.寶髻菩薩會二卷	西晉竺法護譯	存	勘同編入
48.勝鬘夫人會一卷	唐菩提流志譯	存	第三譯
勝鬘經一卷	北涼曇無讖譯	佚	第一譯
勝鬘師子吼一乘方便廣經一卷	劉宋求那跋陀羅譯	存	第二譯
49.廣博仙人會一卷	唐菩提流志譯	存	第二譯
毗耶婆問經二卷	元魏般若流支譯	存	第一譯

（整理自開元釋教錄卷九、卷十一、卷十四）

由上列所舉可知，全本大寶積經中有二十三會八十一卷是菩提流志將前人的譯本，擇優「勘同編入」，並未重譯該部經典；另有十一會二十三又三分之一卷是菩提流志的「新譯單本」，即標明「第一譯」者均屬之，也就是菩提流志時該部經典並無漢譯本，菩提流志必須自己動手翻譯；剩餘的十五又三分之二卷則是菩提流志的重譯本，菩提流志認爲先前的譯本「舊義擁迷」，不適合採入大本之中，因而加以重譯，有的是第二譯、第三譯、第四譯，而「第五無量壽如來會二卷」最爲特殊，是第十一譯。又第三十妙慧童女會半卷和第三十五善德天子會半卷，也是相當特殊的例子，菩提流志居然重譯自己所譯過的經典，這在中國譯經史上甚爲罕見，詳見註十二、註十三。

三、殘本重譯類

早期來華的西方僧侶，他們來華的目的在於「弘法」，譯經只是「弘法」的方便手段之一，西晉之前，這種現象尤爲明顯，因此他們在選擇經典從事翻譯之時，並不著眼於「文獻流通」的觀點，而是選擇有利於「弘法」的經典片段，因此就出現「摘譯」、「節譯」的情況，茲舉道地經和解深密經兩例說明如下：

現存道地經的譯本有三部，茲依時代先後列舉如下：

(1)道地經一卷　東漢安世高譯　存　第一譯（註一五）

(2)小道地經一卷　東漢支曜譯　存　第二譯

(3)修行道地經七卷　西晉竺法護譯　存　第三譯

（整理自開元釋教錄卷一、卷十三、卷十五）

這三部經典雖是同本重譯，但其篇幅內容卻有極大差異，茲列表比較如下：

道地經一卷東漢安世高譯 全經七千餘字	1.散種章 2.知五陰慧章 3.隨應相具章 4.五陰分別現止章 5.五種成敗章
小道地經一卷東漢支曜譯 全經一千五百餘字	（不分品目）
修行道地經七卷西晉竺法護譯 全經七萬餘字	1.集散品 2.五陰本品 3.五陰相品 4.分別五陰品 5.五陰成敗品 6.慈品 7.除恐怖品 8.分別相品 9.勸意品 10.離顛倒品 11.曉了食品 12.伏勝諸根品 13.忍辱品 14.棄加惡品

6.神足行章 7.五十五觀章		15.天服見終始品 16.天耳品 17.念往世品 18.知人心念品 19.地獄品 20.勸悅品 21.行空品 22.神足品 23.數息品 24.觀品 25.學地品 26.無學地品 27.無學品 28.弟子三品修行品 29.緣覺品 30.菩薩品

經由上表比較可知，支曜譯本的篇幅最少，只有一千五百餘字，而且內容不分品，它是一部「摘譯大意」的譯本；安世高譯本則是典型的「節譯本」，在三十品全本道地經中只節錄「七品」翻譯，而且還不是截取經文前段或經文後段的節譯，而是選擇式的節譯。整體而言，安世高和支曜的譯本，都可視爲「殘本」，因爲他們不像竺法護一樣，將道地經的全本翻譯出來。

解深密經的譯本總共有四部，茲依時代先後列舉如下：

(1)相續解脫地波羅蜜了義經一卷　劉宋求那跋陀羅譯　存　第一譯
(2)深密解脫經五卷　元魏菩提留支譯　存　第二譯
(3)解節經一卷　陳眞諦譯　存　第三譯
(4)解深密經五卷　唐玄奘譯　存　第四譯

（整理自開元釋教錄卷十一）

以上四部解深密經，開元釋教錄卷十一云：「右四經同本異譯，二是全本，二是抄（『抄』字大正藏作『初』字，今依宋元明三本改正）譯」，也就是其中兩部五卷本是全本，兩部一卷本是抄譯本，茲將其字數、品目比對如下：

相續解脫地波羅蜜了義經一卷 劉宋求那跋陀羅譯 全經四千餘字	（相當於此品）
深密解脫經五卷 元魏菩提留支譯 全經三萬餘字	1.序品 2.聖者善問菩薩問品 3.聖者曇無竭菩薩問品 4.聖者善清淨慧菩薩問品 5.慧命須菩提問品 6.聖者廣慧菩薩問品 7.聖者功德林菩薩問品 8.聖者成就第一義菩薩問品 9.聖者彌勒菩薩問品 10.聖者觀世自在菩薩問品 11.聖者文殊師利法王子菩薩問品
解節經一卷 陳眞諦譯 全經四千餘字	1.不可言無二品 2.過覺觀境品 3.過一異品 4.一味品
解深密經五卷 唐玄奘譯 全經三萬餘字	1.序品 2.勝義諦相品 合并於右品 合并於右品 合并於右品 3.心意識相品 4.一切法相品 5.無自性相品 6.分別瑜伽品 7.地波羅蜜多品 8.如來成所作事品

經由以上比對可知，兩部全本分品雖有差異，但內容完全相同，是典型的「同本重譯」；求那跋陀羅譯本則只摘譯其中一品而已，眞諦譯本則節錄其中四品譯出，因此求那跋陀羅和眞諦的譯本都屬於「殘本」。

肆、經錄對重譯經的處置

重譯經既然是漢譯本佛典的大宗，歷來的佛典目錄如何處置它，實有探討的必要，茲以開元釋教錄爲例，析論如后。

開元釋教錄是早期佛典目錄之中，最詳實而權威的集大成之作，因此以之爲例證，最足以說明佛典目錄對重譯經的處置方法，開元釋教錄包含三大體例：總括群經錄、別分乘藏錄、入藏錄，在三大體例之中，分別都對重譯經加以處置，茲先論述總括群經錄的處置方法。每位譯經大師各別的譯經目錄是總括群經錄的基礎，茲舉東晉佛陀跋陀羅的譯經目錄如后，以爲論述例證：

大方廣佛華嚴經六十卷——初出，元五十卷，後人分爲六十，沙門支法領從于闐得梵本來，義熙十四年（西元四一八年）三月十日於道場寺出，元熙二年（西元四二〇年）六月十日訖，法業筆授，見祖祐二錄。

出生無量門持經一卷——或云新微密持經，於廬山譯，第五出，與支經、無量門微密持經等同本，見祖祐二錄，祐房等錄別存新微密持經，誤也。

大方等如來藏經一卷——或直云如來藏經，第三出，元熙二年（西元四二〇年）於道場寺譯，見竺道祖晉世雜錄及僧祐錄。

觀佛三昧海經十卷——或云觀佛三昧經，或八卷，見竺道祖晉世錄，亦見僧祐錄，亦出宋世。

摩訶僧祇律四十卷——或云三十卷，梵本是法顯於摩竭提國將來，義熙十二年（西元四一六年）十一月於鬥場寺共法顯出，見竺道祖錄，祐在顯錄，據共譯故耳。

僧祇比丘戒本一卷——亦云摩訶僧祇戒本，第二出，於道場寺譯，見寶唱錄，祐在法顯錄中，祐與覺賢共出，互載皆得。

達摩多羅禪經二卷——一名庾伽遮羅浮迷，譯言修行道地，於廬山出，一名不淨觀經，亦名修行方便禪經，祐云禪經修行方便凡十七品，見僧祐錄。

文殊師利發願經一卷——或加「偈」字，元熙二年（西元四二〇年），於鬥場寺出，見僧祐寶唱二錄，經後記云：外國四部眾禮佛時，多誦此經，以發願求佛道。

新無量壽經二卷——宋永初二年（西元四二一年），於道場寺出，見僧祐寶唱二錄，第八譯，與世高、支讖、支謙、僧鎧等所出同本。

菩薩本業經一卷——亦直云本業經，是華嚴淨行品，見僧祐長房二錄，大周入藏有，今闕，且復存之。

淨六波羅蜜經一卷——見僧祐長房二錄。

方便心論一卷——共法業出，見高僧傳，初出。

過去因果經四卷——房云：見別錄，第五譯。

右一十三部，一百二十五卷——文殊發願經上八部一百一十六卷見在，新無量壽下五部九卷闕本。

（引自開元釋教錄卷三佛陀跋陀羅錄，除附註西元年號外，全爲原文照錄）

觀察佛陀跋陀羅錄，我們可以發現總括群經錄對重譯經的處置，大概有三項重點：其一，註明某部經典是第幾譯，例如大方廣佛華嚴經六十卷是「初出」、出生無量門持經一卷是「第五出」、大方等如來藏經一卷是「第三出」、僧祇比丘戒本一卷是「第二出」、新無量壽經二卷是「第八譯」、過去因果經四卷是「第五譯」，凡是註明第几譯的經典，都屬重譯經，否則即爲單譯經，至於該部經典總供重譯多少次，則留待別分乘藏錄處置。其二，註明某部重譯經與何經同本，例如出生無量門持經一卷「與支經，無量門微密持經等同本」、新無量壽經二卷「與世高、支讖、支謙、會鎧等所出同本」，雖然有「與何經同本」的註明，但並非每部重譯經都一一註明，這是美中不足之處，幸好在別分乘藏錄中，對此問題有進一步詳細的處置。其三，註明存佚，在總括群經錄之中對每位譯大師的譯經總數量和存佚都有註明，例如佛陀跋陀羅總共譯經「一十三部，一百二十五卷」，其中文殊發願經以上八部一百一十六卷「見在」，新無量壽經以下五部九卷「闕本」，雖然這是對所有經典存佚的記載，但重譯經的存佚自然也可以從中查考出來，例如大方廣佛華嚴經六十卷、出生無量門持經一卷、大方等如來藏經一卷、僧祇比丘戒本一卷等四部重譯經屬於「見在」類，新無量壽經二卷、過去因果經四卷等二部重譯經則屬於「闕本」類。

別分乘藏錄的體例較爲複雜，它是佛典目錄各項體例之中，最具學術價值的部分，充分達成「辨章學術，考鏡源流」的目的。別分乘藏錄中的「有譯有本錄」和「有譯無本錄」等兩單元，分別都對重譯經加以處置，有譯有本錄處理「現存」的經典，有譯無本錄處理「闕本」的經典。有譯有本錄對重譯經的處理，大概有以下三項重點：其一，全本排列在前，不足本排列在後：茲以大乘經典五大部爲例，說明之。唐玄奘所譯的大般若波羅蜜多經十六會六百卷是般若部最完整的全本，開元釋教錄卷十一有譯有本錄即將它排列在般若部的最前頭，而後將般若部不全本的重譯經二十部一百三十卷排列在後。唐菩提流志所譯的大寶積經四十九會一百二十卷是寶積部最完整的全本，開元釋教錄卷十一有譯有本錄即將它排列在寶積部的最前頭，而後將寶積部不全本的重譯經三十三部四十九卷排列在後。北涼曇無讖所譯的大方等大集經三十卷是大集部最完整的全本，開元釋教錄卷十一有譯有本錄即將它排列在大集部的最前頭，而後將大集部的不全本重譯經二十三部一百一十二卷排列在後。東晉佛陀跋陀羅譯大方廣佛華嚴經七處八會六十卷，唐實叉難陀也重譯大方廣佛華嚴經七處九會八十卷，這兩部經典是華嚴部最完整的全本，因此開元釋教錄卷十一有譯有本錄分別將它們排在第一二位，而後將華嚴部不全本的重譯經二十四部四十七卷排列在後。北涼曇無讖所譯的大般涅槃經四十卷是涅槃部最完整的全本，開元釋教錄卷十一有譯有本錄即將它排列在涅槃部的最前頭，而後將涅槃經的不全本重譯經五部十八卷排列在後。

其二，將同本重譯經排列一起，並說明其同本的情況，例如開元釋教錄卷十一般若部將西晉無羅叉共竺叔蘭譯的放光般若波羅蜜經三十卷、姚秦鳩摩羅什譯的摩訶般若波羅蜜經四十卷、西晉竺法護譯的光讚般若波羅蜜經十五卷等三部經典排列一起，並詳加說明云：「右三經與大般若（按指玄奘所譯六百卷本）第二會同本異譯。其光讚般若比於新經，三分將一，至散花品後文並闕，又按姚秦僧叡小品序云：『斯經正文，凡有四種，是佛異時適化，廣略之說也，其多者云有十萬偈，少者六百偈，此之大品，即是天竺之中品也。』准斯中品，故知與大經第二會同梵文也。」又於唐玄奘譯大般若波羅蜜多經第二會王舍城鷲峰山說之下說明云：「右新譯重本，與舊大品（按指姚秦鳩摩羅什譯本）、放光、光讚般若同本異譯，從四百一卷至四百七十八，比於舊經，闕無常啼品，餘意大同。」經由以上兩段解說，有關大品般若經現存四部重譯經的品目異同，篇幅大小，讀者已有相當程度的理解。

其三，在各重譯經之下註明其為第幾譯，例如小品般若經現存的重譯有五部，開元釋教錄卷十一有譯有本錄分別在唐玄奘所譯的大般若波羅蜜多經第四會之下註明其為「第八譯」，符秦曇摩蜱共竺佛念所譯的摩訶般若波羅蜜鈔經五卷之下註明其為「第六譯」，後漢支婁迦讖所譯的道行般若波羅蜜經十卷之下註明其為「第一譯」，姚秦鳩摩羅什所譯的小品般若波羅蜜經十卷之下註明其為「第七譯」，吳支謙所譯的大明度無極經四卷之下註明其為「第三譯」，由此我們可以知道各現存重譯經的出經順序，但其中有一點小遺憾，即未按時代先後順序排列，這是開元釋教錄體例上的小缺點。

有譯無本錄對重譯經的處置比較單純，大概也有三項重點，其一，將同部的闕本重譯經排列一起，例如般若部的闕本重譯經總共有「十部、二十七卷」（見開元釋教錄卷十四），全部排列在一起，寶積部的闕本重譯經總共有「三十部、五十四卷」（見同上），也全部排列在一起，其他經典也都類此，茲不贅舉。其二，註明第幾譯，及其與何經爲同本重譯，例如吳康僧會所譯的吳品經五卷之下註明其爲「第三譯」，西晉竺法護所譯的新道行經十卷之下註明其爲「第四譯」，東晉祇多蜜所譯的大智度經四卷之下註明其爲「第五譯」，並在以上三經之後總結云：「右三經與大般若第四會同本」（見同上）。其三，總結重譯經的譯出次數，及其存佚，這是有譯無本錄中最具參考價値的部分，例如前引三部小品般若闕本之下註云：「前後八譯，五本在藏，三本闕」，又如寶積部七本無量壽經闕本之下註云：「此經前後經十一譯，四本在藏，七本闕」（見同上），讀者只要參考這些記載，對於某部重譯經的譯出次數，及其存佚狀況，即可了然於胸。

經由以上論述，我們可以知道別分乘藏錄中的有譯有本錄和有譯無本錄，對於重譯經的處置十分周密完備，然而依據筆者研習的經驗，覺得其中仍有美中不足處，即有譯有本與有譯無本（亦即現存經典與闕本經典）分開著錄，因此在有譯有本錄中無法窺見某部經典重譯狀況的全貌，同樣在有譯無本錄中也無法窺見某部經典重譯狀況的全貌，必須兩者合并參閱，才可克服這項困難，筆者在本文之中，凡是將某部經典的重譯經全部列舉出來的部分，都是經過兩相對照的加工手續，方可達成一目了然的目的。

入藏錄就是欽定的大藏經目錄，所有佛典經過總括群經錄和別分乘藏錄兩道程序處理之後，即可達成去蕪存菁的目標，並將經本繕寫頒行天下，永爲定式。入藏錄對重譯已經沒有再次處理的必要，其經本排列順序與有譯有本錄大體相同，因此在入藏錄之中，讀者無法看出那些經典是屬於重譯經。

伍、結　語

經由本文的析論，我們對於重譯經的種種情況，應該已有相當程度的了解，茲就筆者認識所及，再將重譯經的價值簡述如后，作為本文的結束。

重譯本佛經除了豐富漢譯本大藏經的分量之外，對於中國佛教學者研習佛經，也提供了對照比較的參考價值；又有些佛典雖然一再重譯問世，但都屬於抽譯、節譯式的「殘本」，「全典」總是付之闕如，無緣流通於漢地，因此熱心的佛教文獻學者，只得從衆多的重譯經中，集腋成裘，補衲出一部「全典」。由此看來，重譯本佛經對於佛經的研習和集成，都有其正面的貢獻。

佛教以外來思想的身分，自東漢時代傳入中國之後，經過長期的演化，到了隋唐時代，遂躍升為中國三大思想主流之一，足以和儒、道兩家分庭抗禮，其間經歷許多複雜而多層面的鬥爭與融合，我們如果將不同時代、不同譯人所譯的重譯經的譯文，按時代先後加以排列比對，即可發現他們所用的「翻譯詞語」，往往有很大的差異，從差異之中我們很明顯的看到漢譯本佛經有借用老莊詞語，以及擺脫老莊詞語而新創翻譯詞語的現象，這種現象有助於我們理解佛教思想如何移植到中國，以及在中國如何生根成長的過程。

印度原始佛教分裂之後，印度佛教即進入部派林立的時代，各部派都曾根據各自的觀點編纂自己的藏經，然而這些藏經隨著印度教的興起與印度佛教的沒落而逐漸亡佚，現在除了南傳上座部巴利語系大藏經尚保存完整外，其餘的僅剩下少數零星的貝葉殘本幸存於世，因此各部派所擁有的藏經狀況如何，於今在印度已無從查考；而漢譯本大藏經所依據的原典，除了來自五印度之外，也有印度域外的傳本，可稱得上包羅萬象，因此從漢譯本大藏經雖然無法還原各部派藏經的原貌，但除此之外，實在別無他途可尋，漢譯本大藏經在世界佛教文獻中的地位，於此可見一斑，尤其是多次重譯的漢譯本，如果能夠考訂其所依據的原典是分別來自不同部派，那麼它的文獻價值，又要加重許多。

總而言之，我們用「價值連城」來形容重譯經的重要性，當不為過，因為它是研究中國佛教思想發展史的重要文獻，更是研究印度部派佛教時期的重要史料，值得佛教學者深入鑽研，我們不能膚淺的只將它視為「重複」的經典而已，同時我們也要對古代的佛教目錄文獻學者表達崇高的敬意，因為他們對於重譯經的片紙隻字，都捨不得遺棄，或許他們並不了解重譯經的眞正價值，但無形中卻為世界佛教文獻保存了珍貴的寶藏。

【附註】

註一：按別譯雜阿含經計十六卷，包括三百六十四部經典，但不標經名。

註二：按雜阿含經總計五十卷，包括一千三百六十二部經典，但不標經名。

註三：唐玄奘大師所譯「大般若波羅蜜多經」，總計六百卷，分十六會，是所有般若經譯本中最完整且最龐大的譯本。

註四：開元釋教錄卷十一於本經之下附加說明云：「長房、內典二錄云是外國經鈔者，尋之未審也，據其文理，乃與小品道行經等同本異譯，故初題云摩訶般若波羅蜜經道行品第一，但文不足三分過二，准道行經，後闕十品。」

註五：開元釋教錄卷十一於本經之下附加說明云：「貞觀二十二年，沙門玄奘從駕於玉華宮弘法台譯，後至顯慶五年，於玉華寺翻大般若，即當第九能斷金剛分，全本編入，更不重翻。」

註六：按此二經開元釋教錄卷十四並未標明是般若心經的重譯本，筆者依據經名及其於經錄中之排列次序臆測，暫時列為般若心經之重譯本。

註七：按此經與正法華經同為竺法護譯，不無疑問，開元釋教錄卷十四註云：「同是一經，不合再出，名目既殊，本復存沒，未詳所以，或可薩芸芬陀利是梵語，正華法是晉名，梵晉俱存，錄家誤也。」

註八：現代佛學術叢刊收錄八篇現代佛教學者專門討論四十二章經的論文，可供參考。

註九：各家譯經理論之詳細內容，請參見拙著《佛典漢譯之研究》第四章，天華出版公司印行。

註一〇：開元釋教錄卷六婆羅瞿曇般若流支錄註云：「一名破色心，或云唯識無竟界論，在金華寺出，天親菩薩造，第一譯，與陳眞諦唯識論，及唐譯二十唯識論並同本。」卷七眞諦錄註云：「天親菩薩造，初云修道不共他，在臨川郡譯，第二出，與元魏般若流支等出者同本。」卷八玄奘錄註云：「世親菩薩造，第三出，與元魏智希（按即般若流支），陳眞諦出者同本，龍朔元年六月一日於玉華寺慶福殿譯，沙門大乘基筆受。」卷十二於登錄三部唯識論之後註云：「右三論同本異譯。」

註一一：例如長阿含經二十二卷，由三十部經典組成；中阿含經六十卷，由二百二十三部經典組成；雜阿含經五十卷，由一千三百六十二部經典組成；增一阿含經五十一卷，由四百八十一部經典組成；大寶積經一百二十卷，由四十九部經典組成；大方等大集經六十卷，由十七部經典組合而成；以上這些都是十分典型的總集式大經典。

註一二：按開元釋教錄卷九菩提流志錄及卷十四大乘經重譯闕本錄，註明此經爲「第三出」或「第三譯」，同時又將此經列爲「闕本」，這種同一位譯經大師「一經兩譯」的情況，是中國譯經史上的特例，筆者推測菩提流志可能先譯妙慧童女所問經一卷「單行」，後來編譯大寶積經一百二十卷時，直接收入其中爲第三十會，因此「第三譯」和「第四譯」可能就是同一個譯本。

註一三：據開元釋教錄卷九菩提流志錄可和，「文殊師利所說不思議佛境界經二卷」是長壽二年（西元六九三年）譯於大周東寺，「善德天子會半卷」則完成於神龍二年（西元七〇六年）至先天二年（西元七一三年）間，今兩本具存，經比對後可以發現，兩經內容大體一致，然文句和篇幅則有相當差異。

註一四：按開元釋教錄卷四乞伏秦（即西秦）錄失譯經中收錄「大寶積經一卷」，註云：「今編入寶積當第四十三會，改名普明菩薩會，第三出，與摩訶衍寶嚴、佛遺日摩尼寶二經同本異譯。」

註一五：按現存道地經有三部，如文中所列，然開元釋教錄卷一安世高錄與卷十五聖賢集傳闕本錄又列舉安世高所譯的「修行道地經七卷」，均註明是「闕本」、「初出」、「第一譯」，筆者認爲可能有誤，理由有二，其一，安世高錄收有存本「道地經一卷」與佚本「修行道地經七卷」，均註明「初出」，因此這兩本可能就是同一部譯本；其二，道地經一卷的內容分「七章」，每「章」自成一單元，因此可能有人誤將「七章」視爲「七卷」，所以認定安世高也譯有七卷本道地經。

下篇　佛典重譯經考錄

當我們翻開大藏經準備閱讀經典之時，即刻會發現許多重要的佛典都有重譯本，雖然經過長時期的流傳，重譯本中的某人的譯本，特別獲得世人垂愛，並逐漸壓倒其他重譯本而成爲「通行本」，例如般若心經現存有七個譯本，而世人一般都研習唐玄奘譯本，阿彌陀經現存有姚秦鳩摩羅什和唐玄奘等二人譯本，而世人一般都研習鳩摩羅什譯本，但這並不意謂其他重譯本毫無參考價值。（參閱拙著《佛典重譯經研究》一文即知重譯經的文獻價值極高），尤其對從事研究的工作者而言，不同時代、不同譯人、不同原典的重譯本，都有其不朽的存在價值。因此在面對諸多重譯本之時，研習者大都會不約而同的想要先了解該部經典的傳譯狀況，然而所有的佛典目錄卻無法立即而明確的提供這項資料，必須多方查閱對照，才能得出梗概，這是許多古代體係完備的佛典目錄如《大唐內典錄》、《開元釋教錄》等等的美中不足處。而近代學者的整理著作，如日本學者小野玄妙的《佛教經典總論》，對佛典中的失譯經、抄經、闕本經、僞疑經等，都詳加處理，唯獨重譯經則付之闕如。總之，想要了解重譯經的傳譯狀況，查閱古代經錄以找尋答案，手續麻煩而不便，參閱近人著作，又無處查考，因此形成佛教文獻資料領域的一項缺漏，筆者因而不揣譾陋，敢志於斯，希望能補足之，爲研習佛教文獻的學者提供一點小小的服務。

本篇除表列重譯經的目錄之外，又附加案語考訂，對於重要經典或疑點較多的經典，附上必要的考訂，無則闕如，希望能讓讀者在閱讀之時，對某部重譯經有初步概括的理解。

本篇的結構安排採用三種方式，其一，以總集類大經典爲骨架，不足本重譯經則分列其中，例如大乘五大部與小乘四阿含等排列在各類之前，然後將其重譯本分列其中。其二，依時代先後列舉出經次序，也就是依第一譯、第二譯、第三譯等次序排列，時代前者排列於前，時代後者排列於後，然而這與第一項結構經常衝突，因爲總集類大經往往不是第一譯，因此本篇在表列重譯經目錄之時，必須兩項並用，以整齊醒目爲處理原則。其三，對經典的介紹或考訂，視必要程度隨處附加，並註明「案」字。至於某部經典應該隸屬於大乘類或小乘類，歷來往往有見仁見智的爭議，本篇不作討論，一切經典排列順序以開元釋教錄爲依據，開元釋教錄之後的譯本，則依大正藏目錄爲順序，附見於相關經典之前後。

本考錄引用資料主要取材於兩方面，其一，《開元釋教錄》與《大正新脩大藏經勘同目錄》是本文的骨架材料，因爲《開元釋教錄》是古代佛典目錄的集大成之作，唐開元之前的所有佛經，可說已經網羅無遺，而唐開元之後新譯的佛經，則散見於大正藏之中，因此取材於這兩部著作，足以包含古今，不虞闕漏。其二，唐《開元釋教錄》之前，上至梁僧祐《出三藏記集》，其間約有十餘部古代經錄傳世，則爲本文引証考訂的主要依據，因爲這些古代經錄保存了許多有關佛經傳譯的珍貴文獻，諸如譯經僧傳、經錄夾註、經序、出經後記等等，都是考訂佛典經本的原始材料，具有無可取代的權威價值。

壹、大乘經類重譯經考錄

般若部重譯經考錄

大般若波羅蜜多經六百卷　唐玄奘譯　存

案：唐玄奘所譯的大般若經六百卷是般若部經典的總匯，內容包括「四處、十六會」，是佛祖在四個地方（鷲峰山、給孤獨園、他化自在天王宮、竹林園中）十六次集會說法的記錄，十六會之中有九會爲單本，七會爲重譯。

第一會　王舍城鷲峰山說四百卷　單本　存

第二會　王舍城鷲峰山說七十八卷　第四譯　存

光讚般若波羅蜜經十五卷　西晉竺法護譯　第一譯　存

放光般若波羅蜜經三十卷　西晉無羅叉共竺叔蘭譯　第二譯　存
摩訶般若波羅蜜經四十卷　姚秦鳩摩羅什譯　第三譯　存
案：右四經同本異譯，均存於世。此經俗稱大品經或大品般若經，光讚般若篇幅最少，約爲其他三經的三分之一而已，因散花品以後內容並闕。

第三會　王舍城鷲峰山說五十九卷　單本　存

第四會　王舍城鷲峰山說一十八卷　第八譯　存
道行般若波羅蜜經十卷　後漢支婁加讖譯　第一譯　存
大明度無極經四卷　吳支謙譯　第二譯　存
吳品經五卷　吳康僧會譯　第三譯　佚
新道行經十卷　西晉竺法護譯　第四譯　佚
大智度經四卷　東晉祇多蜜譯　第五譯　佚
摩訶般若波羅蜜鈔經五卷　符秦曇摩蜱共竺佛念譯　第六譯　存
小品般若波羅蜜經十卷　姚秦鳩摩羅什譯　第七譯　存
佛說佛母出生三法藏般若波羅蜜多經二十五卷　趙宋施護譯　第九譯　存
佛說佛母寶德藏般若波羅蜜經三卷　趙宋法賢譯　第十譯　存
案：右十經同本異譯，七存三闕。此經俗稱小品經或小品般若經，其中第六譯雖然以「鈔經」爲名，其實並非鈔經，比道行經後闕十品，文不足三分之二。

第五會　王舍城鷲峰山說十卷　單本　存

第六會　王舍城鷲峰山說八卷　第二譯　存

勝天王般若波羅蜜經七卷　陳月婆首那譯　第一譯　存

案：右二經同本異譯，均存於世。

第七會　室羅筏城給孤獨園說曼殊室利分二卷　第三譯　存

文殊師利所說摩訶般若波羅蜜經二卷　梁曼陀羅仙譯　第一譯　存

文殊師利所說般若波羅蜜經一卷　梁僧伽婆羅譯　第二譯　存

案：右三經同本異譯，均存於世。其中第一譯又被收入大寶積經第四十六會。

第八會　室羅筏城給孤獨園說那伽室利分一卷　第三譯　存

濡首菩薩無上清淨分衛經二卷　後漢嚴佛調譯　第一譯　佚

濡首菩薩無上清淨分衛經二卷　劉宋翔公譯　第二譯　存

案：右三經同本異譯，二存一闕。第二譯「翔公」宋元明三本作「朔公」。

第九會　室筏羅城給孤獨園說能斷金剛分一卷　第五譯　存

金剛般若波羅蜜經一卷　姚秦鳩摩羅什譯　第一譯　存

金剛般若波羅蜜經一卷　元魏菩提流支譯　第二譯　存

金剛般若波羅蜜經一卷　陳眞諦譯　第三譯　存
金剛能斷般若波羅蜜經一卷　隋達摩笈多譯　第四譯　存
能斷金剛般若波羅蜜多經一卷　唐義淨譯　第六譯　存

案：右六經同本異譯，均存於世。此經俗稱金剛經。唐玄奘曾於貞觀二十二年（西元六四八年）於玉華宮弘法台譯能斷金剛般若波羅蜜多經一卷，其後顯慶五年（西元六六〇年）於玉華寺譯大般若經時，直接將此經收入編爲第九會。又第四譯隋達摩笈多譯本則不見錄於開元釋教錄及其之前的所有經錄，據開元釋教錄卷七本傳云：「初笈多翻金剛斷割般若波羅蜜經一卷，及普樂經一十五卷，未及練覆，値僞鄭淪廢，不暇重修，今卷部在京，多明八相等事。」可見唐代眞有此本，其原名是『斷割』而非『能斷』，而且是『未及練覆』的未定稿，我們閱讀現存的經文，感覺譯文詰屈聱牙，不忍卒讀，語法與其他譯本出入甚大，就是這個緣故。這個譯本是中國譯經史上僅存的毛本，所以譯本的品質雖然不佳，但在探討譯經的步驟之時，反而變成碩果僅存的珍貴資料。

第十會

他化自在天王宮說般若理趣分一卷　第一譯　存
實相般若波羅蜜經一卷　唐菩提流志譯　第二譯　存
金剛頂瑜伽理趣般若經一卷　唐金剛智譯　第三譯　存

大樂金剛不空眞實三麼耶經一卷　唐不空譯　第四譯　存
佛說遍照般若波羅蜜經一卷　趙宋施護譯　第五譯　存
佛說最上根本大樂金剛不空三昧大教王經七卷　趙宋法賢譯　第六譯　存
案：右六經同本異譯，均存於世。
第十一會　室羅筏城給獨園說布施波羅蜜多分五卷　單本　存
第十二會　室羅筏城給獨園說淨戒波羅蜜多分五卷　單本　存
第十三會　室羅筏城給獨園說安忍波羅蜜多分一卷　單本　存
第十四會　室羅筏城給獨園說精進波羅蜜多分一卷　單本　存
第十五會　王舍城鷲峰山說靜慮波羅蜜多分二卷　單本　存
第十六會　王舍城竹林園中白鷺池側說般若波羅蜜多分八卷　單本　存
仁王般若經一卷　西晉竺法護譯　第一譯　佚
仁王護國般若波羅蜜經二卷　姚秦鳩摩羅什譯　第二譯　存
仁王般若經一卷　梁眞諦譯　第三譯　佚
仁王護國般若波羅蜜多經二卷　唐不空譯　第四譯　存
案：右四經同本異譯，二存二闕。
摩訶般若波羅蜜大明咒經一卷　姚秦鳩摩羅什譯　第一譯　存

般若波羅蜜多心經一卷　唐玄奘譯　第二譯　存
般若波羅蜜多那經一卷　唐菩提流志譯　第三譯　佚
普遍智藏般若波羅蜜多心經一卷　唐法月譯　第四譯　存
般若波羅蜜多心經一卷　唐般若共利言等譯　第五譯　存
般若波羅蜜多心經一卷　唐智慧輪譯　第六譯　存
般若波羅蜜多心經一卷　唐法成譯　第七譯　存
佛說聖佛母般若波羅蜜多經一卷　趙宋施護譯　第八譯　存

案：右八經同本異譯，六存二闕，此經俗稱心經。

寶積部重譯經考錄

大寶積經一百二十卷　唐菩提流志譯　存

案：大寶積經一百二十卷是一部總集式的大經典，由四十九會（相當於四十九部經典）組合而成，據開元釋教錄卷九菩提流志本傳云：「上代譯者，勘同即附，昔來未出，案本具翻，兼復舊義擁迷，詳文重譯。」由此可知菩提流志並非全本重譯，四十九會之中二十六會是菩提流志新譯本，二十三會是菩提流志將前人譯本「勘同編入」。

第一　三律儀會三卷　唐菩提流志譯　第二譯　存
大方廣三戒經三卷　北涼曇無讖譯　第一譯　存
案：右二經同本異譯，均存於世。

第二　無邊莊嚴會四卷　唐菩提流志譯　單本　存

第三　密跡金剛力士會七卷　西晉竺法護譯（勘同編入）　第一譯　存
佛說如來不思議祕密大乘經二十卷　趙宋法護譯　第二譯　存
案：右二經同本異譯，均存於世。

第四　淨居天子會二卷　西晉竺法護譯（勘同編入）　單本　存

第五　無量壽如來會二卷　唐菩提流志譯　第十一譯　存
無量壽經二卷　後漢安世高譯　第一譯　佚
無量清淨平等覺經二卷　後漢支婁迦讖譯　第二譯　存
阿彌陀經二卷　吳支謙譯　第三譯　存
無量壽經二卷　曹魏康僧鎧譯　第四譯　存
無量清淨平等覺經二卷　曹魏帛延譯　第五譯　佚
無量壽經二卷　西晉竺法護譯　第六譯　佚
無量壽至眞等正覺經一卷　東晉竺法力譯　第七譯　佚

新無量壽經二卷　東晉佛陀跋陀羅譯　第八譯　佚
新無量壽經二卷　劉宋釋寶雲譯　第九譯　佚
新無量壽經二卷　劉宋曇摩蜜多譯　第十譯　佚
佛說大乘新無量壽莊嚴經三卷　趙宋法賢譯　第十二譯　存
佛說大阿彌陀經二卷　趙宋王日休校輯　第十三譯　存
案：右十三經同本異譯，六存七闕。第十三譯爲「校輯本」，不合翻譯之數，姑列之以供參考。又第三譯今本大藏經作「佛說阿彌陀三耶三佛薩樓佛檀過度人道經二卷」。

第六　不動如來會二卷　唐菩提流志譯　第三譯　存
阿閦佛國經二卷　後漢支婁迦讖譯　第一譯　存
阿閦佛刹諸菩薩學成品經三卷　東晉支道根譯　第二譯　佚
案：右三經同本異譯，二存一闕。

第七　被甲莊嚴會五卷　唐菩提流志譯　單本　存

第八　法界體性無分別會二卷　梁曼陀羅仙譯（勘同編入）第二譯　存
法界體性無分別經二卷　姚秦鳩摩羅什譯　第一譯　佚
案：右二經同本異譯，一存一闕。

第九　大乘十法會一卷　元魏佛陀扇多譯（勘同編入）　第二譯　存

佛說大乘十法經一卷　梁僧伽婆羅譯　第一譯　存

案：右二經同本異譯，均存於世。

第十　文殊師利普門會一卷　唐菩提流志譯　第三譯　存

普門品經一卷　西晉竺法護譯　第一譯　存

普門品經一卷　東晉祇多蜜譯　第二譯　佚

案：右三經同本異譯，二存一闕。

第十一　出現光明會五卷　唐菩提流志譯　單本　存

第十二　菩薩藏會二十卷　唐玄奘譯（勘同編入）　第一譯　存

佛說大乘菩薩藏正法經四十卷　趙宋法護譯　第二譯　存

案：右二經同本異譯，均存於世。

第十三　佛為阿難說處胎會一卷　唐菩提流志譯　第二譯　存

胞胎經一卷　西晉竺法護譯　第一譯　存

案：右二經同本異譯，均存於世。

第十四　佛說入胎藏會二卷　唐義淨譯（勘同編入）　單本　存

第十五　文殊師利授記會三卷　唐實叉難陀譯（勘同編入）　第三譯　存

文殊師利佛土嚴淨經二卷　西晉竺法護譯　第一譯　存、

嚴淨佛土經二卷　西晉白法祖譯　第二譯　佚
大聖文殊師利菩薩佛刹功德莊嚴經三卷　唐不空譯　第四譯　存
案：右四經同本異譯，三存一闕。

第十六　菩薩見實會十六卷　高齊那連提耶舍譯（勘同編入）第一譯　存
父子合集經二十卷　趙宋日稱譯　第二譯　存
案：右二經同本重譯，均存於世。

第十七　富樓那會三卷　姚秦鳩摩羅什譯（勘同編入）　第二譯　存
菩薩藏經三卷　西晉竺法護譯　第一譯　佚
案：右二經同本異譯，一存一佚。

第十八　護國菩薩會二卷　隋闍那崛多譯（勘同編入）　第一譯　存
佛說護國尊者所問大乘經四卷　趙宋施護譯　第二譯　存
案：右二經同本異譯，均存於世。

第十九　郁伽長者會一卷　曹魏康僧鎧譯（勘同編入）　第三譯　存
法鏡經二卷　後漢安玄共嚴佛調譯　第一譯　存
法鏡經二卷　吳支謙譯　第二譯　佚
郁迦羅越問菩薩行經一卷　西晉竺法護譯　第四譯　存

郁迦羅越問菩薩經一卷　西晉白法祖譯　第五譯　佚
郁迦長者所問經一卷　劉宋畺摩蜜多譯　第六譯　佚
案：右六經同本異譯，三存三闕。
第二十　無盡伏藏會二卷　唐菩提流志譯　單本　存
第廿一　授幻師跋陀羅記會一卷　唐菩提流志譯　第二譯　存
幻士仁賢經一卷　西晉竺法護譯　第一譯　存
案：右二經同本異譯，均存於世。
第廿二　大神變會二卷　唐菩提流志譯　單本　存
第廿三　摩訶迦葉會二卷　元魏月婆首那譯（勘同編入）　單本　存
第廿四　優波離會一卷　唐菩提流志譯　第二譯　存
決定毗尼經一卷　東晉失譯經　第一譯　存
佛說三十五佛名禮懺文一卷　唐不空譯　第三譯　存
案：右三經同本異譯，均存於世。第一譯大正藏署名「西晉燉煌三藏譯」，恐誤，今依開元釋教錄訂正。
第廿五　發勝志樂會二卷　唐菩提流志譯　第二譯　存
發覺淨心經二卷　隋闍那崛多譯　第一譯　存

案：右二經同本異譯，均存於世。

第廿六　善臂菩薩會二卷　姚秦鳩摩羅什譯（勘同編入）　單本　存

第廿七　善順菩薩會一卷　唐菩提流志譯　第三譯　存

佛說須賴經一卷　曹魏白延譯　第一譯　存

佛說須賴經一卷　前涼支施崙譯　第二譯　存

案：右三經同本異譯，均存於世。第三譯開元釋教錄云爲「新譯單本」，並闕第一譯、第二譯，恐誤，今依大正藏補正。

第廿八　勤授長者會一卷　唐菩提流志譯　第二譯　存

佛說菩薩修行經一卷　西晉白法祖譯　第一譯　存

佛說無畏授所問大乘經三卷　趙宋施護譯　第三譯　存

案：右三經同本異譯，均存於世。第二譯開元釋教錄云爲「新譯單本」，恐誤，今依大正藏補第一譯與第三譯。

第廿九　優陀延王會一卷　唐菩提流志譯　第二譯　存

優填王經一卷　西晉法炬譯　第一譯　存

佛說大乘日子王所問經一卷　趙宋法天譯　第三譯　存

案：右三經同本異譯，均存於世。

第三十　妙慧童女會兼後一卷　唐菩提流志譯　第四譯　存
須摩提經一卷　西晉竺法護譯　第一譯　存
須摩提菩藏經一卷　姚秦鳩摩羅什譯　第二譯　存
妙慧童女所問經一卷　唐菩提流志譯　第三譯　佚

案：右四經同本異譯，三存一闕。第三譯開元釋教錄云爲「佚經」，大正藏則收錄唐菩提流志譯須摩提經一卷，經文與第三十會相同，筆者推測菩提流志可能先譯妙慧童女所問經一卷「單行」，其後編譯大寶積經時，直接收入其中爲第三十會，因此第三譯和第四譯可能就是同一個譯本。

第三一　恆河上優婆夷會與前同卷　唐菩提流志譯　單本　存

第三二　無畏德菩薩會一卷　元魏佛陀扇多譯（勘同編入）　第五譯　存
阿闍世王女阿術達菩薩經一卷　吳支謙譯　第一譯　佚
阿闍世王女阿術達菩薩經一卷　西晉竺法護譯　第二譯　存
阿術達經一卷　東晉祇多蜜譯　第三譯　佚
阿術達菩薩經一卷　劉宋竺法眷譯　第四譯　佚

案：右五經同本異譯，二存三闕。

第三三　無垢施菩薩應辯會一卷西晉聶道眞譯（勘同編入）　第二譯　存

離垢施女經一卷　西晉竺法護譯　第一譯　存
得無垢女經一卷　元魏般若流支譯　第三譯　存
案：右三經同本異譯，均存於世。

第三四　功德寶華敷菩薩會兼後一卷　唐菩提流志譯　單本　存

第三五　善德天子會與前同卷　唐菩提流志譯　第二譯　存
文殊師利所說不思議佛境界經二卷　唐菩提流志譯　第一譯　存
案：右二經同本異譯，均存於世。據開元釋教錄卷九菩提流志錄可知，第一譯是長壽二年（西元六九三年）譯於大周東寺，第二譯則完成於神龍二年（西元七〇六年）至先天二年（西元七一三年）間，今兩本具存，經比對譯文之後可以發現，兩經內容大體一致，然文句和篇幅則有相當差異。

第三六　善住意天子會四卷　隋達摩笈多譯（勘同編入）　第七譯　存
如幻三昧經二卷　後漢安世高　第一譯　佚
如幻三昧經二卷　西晉竺法護譯　第二譯　存
如幻三昧經二卷　東晉祇多蜜譯　第三譯　佚
如幻三昧經二卷　前涼支施崙譯　第四譯　佚
聖善住意天子所問經三卷　元魏般若流支譯　第五譯　存

聖善住意天子所問經四卷　隋闍那崛多譯　第六譯　佚

案：右七經同本異譯，三存四闕。

第三七　阿闍世王子會兼後三卷　唐菩提流志譯　第三譯　存

太子刷護經一卷　西晉竺法護譯　第一譯　存

太子和休經一卷　西晉失譯經　第二譯　存

案：右三經同本重譯，均存於世。

第三八　大乘方便會兼前三卷　東晉竺難提譯（勘同編入）　第三譯　存

慧上菩薩問大善權經二卷　後漢嚴佛調譯　第一譯　佚

慧上菩薩問大善權經二卷　西晉竺法護譯　第二譯　存

大善權經二卷　姚秦鳩摩羅什譯　第四譯　佚

慧上菩薩問大善權經二卷　北涼僧伽陀譯　第五譯　佚

佛說大方廣善巧方便經四卷　趙宋施護譯　第六譯　存

案：右六經同本異譯，三存三闕。

第三九　賢護長者會二卷　隋闍那崛多譯（勘同編入）　第一譯　存

大乘顯識經二卷　唐地婆訶羅譯　第二譯　存

案：右二經同本異譯，均存於世。

第四十　淨信童女會兼後三會同卷　唐菩提流志譯　單本　存

第四一　彌勒菩薩問八法會　元魏菩提留支譯（勘同編入）　第二譯　存

大乘方等要慧經一卷　後漢安世高譯　第一譯　存

案：右二經同本異譯，均存於世。

第四二　彌勒菩薩所問會兼前三會同卷　唐菩提流志譯　第三譯　存

彌勒菩薩所問本願經一卷　西晉竺法護譯　第一譯　存

彌勒菩薩所問本願經一卷　東晉祇多蜜譯　第二譯　佚

案：右三經同本異譯，二存一闕。

第四三　普明菩薩會一卷　西秦失譯（勘同編入）　第三譯　存

佛遺日摩尼寶經一卷　後漢支婁迦讖譯　第一譯　存

摩訶衍寶嚴經一卷　晉代失譯　第二譯　存

佛說大迦葉問大寶積正法經五卷　趙宋施護譯　第四譯　存

案：右四經同本異譯，均存於世。

第四四　寶梁聚會二卷　北涼釋道龔譯（勘同編入）　單本　存

第四五　無盡慧菩薩會兼後二卷　唐菩提流志譯　單本　存

第四六　文殊說般若會兼前二卷　梁曼陀羅仙譯（勘同編入）第一譯　存

案：此經與大般若經第七會同本異譯，前後三譯，均存於世。請參閱般若部。

第四七　寶髻菩薩會二卷　西晉竺法護譯（勘同編入）　第二譯　存

菩薩淨行經二卷　吳康僧會譯　第一譯　佚

案：右二經同本異譯，一存一闕。

第四八　勝鬘夫人會一卷　唐菩提流志譯　第三譯　存

勝鬘經一卷　北涼曇無讖譯　第一譯　佚

勝鬘師子吼一乘大方便方廣經一卷　劉宋求那跋陀羅譯　第二譯　存

案：右三經同本異譯，二存一闕。

第四九　廣博仙人會一卷　唐菩提流志譯　第二譯　存

毗耶娑問經二卷　元魏般若流支譯　第一譯　存

案：右二經同本異譯，均存於世。

大集部重譯經考錄

大方等大集經二十七卷　後漢支婁迦讖譯　第一譯　佚

大方等大集經三十卷　姚秦鳩摩羅什譯　第二譯　佚

大方等大集經三十卷　北涼曇無讖譯　第三譯　存

案：右三經同本異譯，一存二闕。隋僧就曾以曇無讖譯本爲基礎，合并劉宋智嚴共寶雲譯的無盡意菩薩經六卷，及高齊那連提耶舍譯的大乘大方等日藏經十卷、大方等大集月藏經十卷、大乘大集須彌藏經二卷、明度五十校計經二卷等經典成六十卷本大方等大集經，是爲大集部經典總匯。

佛說海意菩薩所問淨印法門經十八卷　趙宋惟淨譯　第二譯　存

案：右一經與隋僧就合本「海慧菩薩品」同本異譯。

寶星陀羅尼經十卷　唐波羅頗蜜多羅譯　第二譯　存

案：右一經與隋僧就合本「寶幢分」同本異譯。

大集大虛空藏菩薩所問經八卷　唐不空譯　第二譯　存

案：右一經與隋僧就合本「不可說菩薩品」同本異譯。

大方等大集日藏經十卷　隋那連提耶舍譯　第四譯　存

案：右一經與曇無讖譯本第十一日蜜分同本異譯。

大方廣十輪經八卷　北涼失譯　第一譯　存

大乘大集地藏十輪經十卷　唐玄奘譯　第二譯　存

案：右二經同本異譯，均存於世。相當於曇無讖譯本第十三分。

虛空藏菩薩經一卷　姚秦佛陀耶舍譯　第一譯　存
虛空藏菩薩經一卷　劉宋求那跋陀羅譯　第二譯　佚
虛空藏菩薩神咒經一卷　劉宋曇摩蜜多譯　第三譯　存
虛空孕菩薩經二卷　隋闍那崛多譯　第四譯　存
佛說虛空藏菩薩神咒經一卷　失譯　第五譯　存

案：右五經同本異譯，四存一闕。又第五譯「失譯」，年代難辨，姑存之。

菩薩念佛三昧經六卷　劉宋功德直共玄暢譯　第一譯　存
大方等大集菩薩念佛三昧經十卷　隋達摩笈多譯　第二譯　存

案：右二經同本異譯，均存於世。

般舟三昧經三卷　後漢支婁迦讖譯　第一譯　存
般舟三昧經二卷　後漢竺佛朔譯　第二譯　佚
般舟三昧經一卷　後漢支婁迦讖譯　第三譯　佚
般舟三昧念佛章經一卷　後漢失譯　第四譯　佚
拔陂菩薩經一卷　後漢失譯　第五譯　存
般舟三昧經二卷　西晉竺法護譯　第六譯　佚
大方等大集賢護經五卷　隋闍那崛多譯　第七譯　存

案：右七經同本異譯，三存四闕。其第一譯、第三譯同為後漢支婁迦讖譯本，一存一闕，開元釋教錄卷十四於第三譯下註云：「是後十品重翻，祐有一卷，無三卷者」，然今本大正藏則收有二部支婁迦讖譯本，一為一卷本，一為三卷本，品目文字均有不同，何以如此，尚待詳考。

阿差末菩薩經四卷　吳維祇難譯　第一譯　佚
阿差末菩薩經四卷　吳支謙譯　第二譯　佚
阿差末經七卷　西晉竺法護譯　第三譯　存
無盡意菩薩經六卷　劉宋智嚴共寶雲譯　第四譯　存
無盡意經十卷　劉宋竺法眷譯　第五譯　佚

案：右五經同本異譯，二存三闕。

大哀經八卷　西晉竺法護譯　第一譯　存

案：右一經與北涼曇無讖譯本陀羅尼自在王菩薩品同本異譯。

寶女所問經三卷　西晉竺法護譯　第一譯　存

案：右一經與北涼曇無讖譯本寶女品同本異譯。

無言童子經二卷　西晉竺法護譯　第一譯　存

案：右一經與北涼曇無讖譯本無言菩薩品同本異譯。

自在王菩薩經二卷　姚秦鳩摩羅什譯　第一譯　存
奮迅王問經二卷　元魏般若流支譯　第二譯　存
案：右二經同本異譯，均存於世。
僧伽吒經四卷　元魏月婆首那譯　第一譯　存
佛說大集會正法經五卷　趙宋施護譯　第二譯　存
案：右二經同本異譯，均存於世。

華嚴部重譯經考錄

大方廣佛華嚴經六十卷　東晉佛陀跋陀羅譯　第一譯　存
大方廣佛華嚴經八十卷　唐實叉難陀譯　第二譯　存
大方廣佛華嚴經四十卷　唐般若譯　第三譯　存
案：右三經同本異譯，均存於世。第一譯、第二譯爲全本，第一譯俗稱「舊華嚴經」，第二譯俗稱「新華嚴經」，第三譯則只摘譯全本中的普賢行品和入法界品而已。其他摘譯全本的小經典甚多，茲列舉如下。
度諸佛境界智光嚴經一卷　三秦失譯　第一譯　存

入如來智不思議經三卷　宇文周闍那耶舍譯　第二譯　佚
佛華嚴入如來德智不思議境界經二卷　隋闍那崛多譯　第三譯　存
大方廣入如來智德不思議經一卷　唐實叉難陀譯　第四譯　存
案：右四經同本異譯，三存一闕。開元釋教錄卷四將符秦、姚秦、乞伏秦等三代失譯經合并一處，稱「三秦失譯」，本文凡註明「三秦失譯」均屬之。
大方廣佛華嚴經不思議佛境界分一卷　唐提雲般若譯　第一譯　存
大方廣如來不思議境界經一卷　唐實叉難陀譯　第二譯　存
案：右二經同本異譯，均存於世。
菩薩十地經一卷　西晉竺法護譯　第一譯　佚
大方廣菩薩十地經一卷　西晉聶道眞譯　第二譯　佚
十地經一卷　東晉祇多蜜譯　第三譯　佚
莊嚴菩提心經一卷　姚秦鳩摩羅什譯　第四譯　存
大方廣菩薩十地經一卷　元魏吉迦夜共曇曜譯　第五譯　存
案：右五經同本異譯，二存三闕。
兜沙經一卷　後漢支婁迦讖譯　第一譯　存
案：右一經爲全本華嚴經如來名號品異譯。

菩薩本業經一卷　吳支謙譯　第一譯　存
諸菩薩求佛本業經一卷　西晉聶道眞譯　第二譯　存
菩薩本業經一卷　東晉佛陀跋陀羅譯　第三譯　佚
案：右三經爲全本華嚴經淨行品同本異譯，二存一闕。或謂第三譯與全本華嚴經同爲佛陀跋陀羅所譯，因疑爲別生經。
菩薩十住行道品一卷　西晉竺法護譯　第一譯　存
菩薩十法住經一卷　西晉聶道眞譯　第二譯　佚
菩薩十住經一卷　東晉祇多蜜譯　第三譯　存
案：右三經爲全本華嚴經十住品同本異譯，二存一闕。
漸備一切智德經五卷　西晉竺法護譯　第一譯　存
十住經十二卷　西晉聶道眞譯　第二譯　佚
十住經四卷　姚秦鳩摩羅什譯　第三譯　存
佛說十地經九卷　唐尸羅達摩譯　第四譯　存
案：右四經爲全本華嚴經十地品同本異譯，三存一闕。
等目菩薩所問三昧經二卷　西晉竺法護譯　第一譯　存
案：右一經爲新華嚴經十定品同本異譯（舊華嚴經無十定品）。

題無邊佛土功德經一卷　唐玄奘譯　第一譯　存

佛說較量一切佛刹功德經一卷　趙宋法賢譯　第二譯　存

案：右二經爲全本華嚴經壽量品同本異譯，均存於世。

如來興顯經四卷　西晉竺法護譯　第一譯　存

案：右一經爲舊華嚴經寶王如來性起品及十忍品同本異譯，相當於新華嚴經如來出現品。

度世品經六卷　西晉竺法護譯　第一譯　存

案：右一經爲全本華嚴經離世間品同本異譯。

羅摩伽經三卷　曹魏安法賢譯　第一譯　佚

羅摩伽經三卷　乞伏秦聖堅譯　第二譯　存

羅摩伽經一卷　北涼曇無讖譯　第三譯　佚

大方廣佛華嚴經續入法界品一卷　唐地婆訶羅譯　第四譯　存

案：右四經爲全本華嚴經入法界品同本異譯，二存二闕。

文殊師利發願經一卷　東晉佛陀跋陀羅譯　第一譯　存

普賢菩薩行願讚一卷　唐不空譯　第二譯　存

案：右二經與全本華嚴經普賢行品及唐譯本卷四十同本異譯，均存於世。

涅槃部重譯經考錄

梵般泥洹經二卷	後漢支婁迦讖譯	第一譯	佚
大般涅槃經二卷	曹魏安法賢譯	第二譯	佚
大般泥洹經二卷	吳支謙譯	第三譯	佚
大般泥洹經六卷	東晉法顯共覺賢譯	第四譯	存
大般涅槃經四十卷	北涼曇無讖譯	第五譯	存
般泥洹經二十卷	北涼智猛譯	第六譯	佚
大般涅槃經後譯荼毗分二卷	唐若那跋陀羅譯	第七譯	存

案：右七經同本異譯，三存四闕。第五譯爲全本，南朝劉宋時代慧嚴、慧觀、謝靈運等人，曾以此本爲基礎，並參考法顯譯本，整理出三十六卷本，世稱「南本涅槃經」，而稱曇無讖譯本爲「北本涅槃經」，兩部大本均傳世。第七譯據義淨大唐西域求法高僧傳卷上云：「會寧律師，益州成都人也……以麟德年中（西元六六四、六六五年），仗錫南海，汎舶至訶陵洲，停住三載，遂供訶陵國多聞僧若那跋陀羅，於阿笈摩經內譯出如來涅槃焚身之事，斯與大乘涅槃頗不相涉。」因此這是一部中國域外譯本，同時也是一部不同部派的傳本，又開元釋教錄卷十一云：「是前大般涅槃經之餘，憍陳如品之末，兼說滅度已後焚燒等

事……今尋此經，與長阿含初分遊行經少分相似而不全同，經中復言法身常存、常樂我淨、佛菩薩境界，非二乘所知，與大涅槃經義理相涉。」

方等般泥洹經二卷　西晉竺法護譯　第一譯　存

四童子三昧經三卷　隋闍那崛多譯　第二譯　存

案：右二經同本異譯，均存於世。

大乘經五大部外諸重譯經考錄

蜀普曜經八卷　魏吳失譯　第一譯　佚

普曜經八卷　西晉竺法護譯　第二譯　存

普曜經八卷　劉宋智嚴共寶雲譯　第三譯　佚

方廣大莊嚴經十二卷　唐地婆訶羅譯　第四譯　存

案：右四經同本異譯，二存二闕。又三國時代蜀國譯經不多，因此一般古代經錄的「總括群經錄」之中，均缺「蜀錄」，而將疑爲蜀譯的經典附見於「魏錄」或「吳錄」之中，蜀普曜經八卷即屬之。

無量義經一卷　劉宋求那跋陀羅譯　第一譯　佚

無量義經一卷　蕭齊曇摩伽陀耶舍譯　第二譯　存

案：右二經同本異譯，一存一闕。

法華三昧經六卷　吳支疆良接譯　第一譯　佚

正法華經十卷　西晉竺法護譯　第二譯　存

薩曇分陀利經一卷　西晉失譯　第三譯　存

方等法華經五卷　東晉支道根譯　第四譯　佚

妙法蓮華經八卷　姚秦鳩摩羅什譯　第五譯　存

添品妙法蓮華經七卷　隋闍那崛多共笈多譯　第六譯　存

案：右六經同本異譯，四存二闕。開元釋教錄卷十四又著錄西晉竺法護譯薩芸芬陀利經六卷（已佚），並加註云：「同是一經，不合再出，名目既殊，本復存沒，未詳所以，或可薩芸芬陀利是梵語，正法華是晉名，梵晉俱存，錄家誤也。」此說應可採信。又今本縮冊藏經和卍字藏經收錄「妙法蓮華經觀世音菩薩普門品經一卷」，此本系採取鳩摩羅什譯的長行和闍那崛多譯的重頌，重新組合而成，與重譯經性質不同，應以別生經視之。

古維摩詰經二卷　後漢嚴佛調譯　第一譯　佚

維摩詰經二卷　吳支謙譯　第二譯　存

異毗摩羅詰經三卷　西晉竺叔蘭譯　第三譯　佚

維摩詰所說法門經一卷　西晉竺法護譯　第四譯　佚
維摩詰經四卷　東晉祇多蜜譯　第五譯　佚
維摩詰所說經三卷　姚秦鳩羅什譯　第六譯　存
說無垢稱經六卷　唐玄奘譯　第七譯　存
　案：右七經同本異譯，三存四闕。
大方等頂王經一卷　西晉竺法護譯　第一譯　存
大方等頂王經一卷　姚秦鳩摩羅什譯　第二譯　佚
大乘頂王經一卷　梁月婆首那譯　第三譯　存
善思童子經二卷　隋闍那崛多譯　第四譯　存
　案：右四經同本異譯，三存一闕。
閑居經十卷　西晉竺法護譯　第一譯　佚
大悲分陀利經八卷　三秦失譯　第二譯　存
悲華經十卷　北涼釋道龔譯　第三譯　佚
悲華經十卷　北涼曇無讖譯　第四譯　存
　案：右四經同本異譯，二存二闕。
金光明經四卷　北涼曇無讖譯　第一譯　存

金光明經七卷　梁眞諦譯　第二譯　佚
金光明經銀主陀羅尼品、囑累品一卷　隋闍那崛多譯　第三譯　佚
金光明經八卷　隋寶貴合本　第四譯　存
金光明最勝王經十卷　唐義淨譯　第五譯　存

案：右五經同本異譯，三存二闕。其中寶貴本是將當時所見的各本金光明經整理組合而成，屬於「合本經」，不合重譯經的性質。又第二譯據開元釋教錄卷六眞諦錄註明爲「存本」，然今本大藏經中則無此本。

伅眞陀羅所問經二卷　後漢支婁迦讖譯　第一譯　存
大樹緊那羅王所問經四卷　姚秦鳩摩羅什譯　第二譯　存

案：右二經同本異譯，均存於世。

佛昇忉利天爲母說法經二卷　西晉竺法護譯　第一譯　存
道神足無極變化經四卷　西晉安法欽譯　第二譯　存
佛昇忉利天爲母說法經一卷　劉宋曇摩蜜多譯　第三譯　佚

案：右三經同本異譯，二存一闕。

寶雲經七卷　梁曼陀羅仙譯　第一譯　存
大乘寶雲經七卷　梁曼陀羅仙共僧伽婆羅譯　第二譯　存

大乘寶雲經七卷　陳須菩提譯　第三譯　佚

寶雨經十卷　唐達摩流支譯　第四譯　存

案：右四經同本異譯，三存一闕。其第一譯見於今本大藏經而不見於開元釋教錄等古代經錄。

阿惟越致遮經三卷　西晉竺法護譯　第一譯　存

不退轉法輪經四卷　北涼失譯　第二譯　存

廣博嚴淨不退轉輪經四卷　劉宋智嚴共寶雲譯　第三譯　存

案：右三經同本異譯，均存於世。

不必定入定入印經一卷　元魏般若流支譯　第一譯　存

入定不定印經一卷　唐義淨譯　第二譯　存

案：右二經同本異譯，均存於世。

等集衆德三昧經三卷　西晉竺法護譯　第一譯　存

等集三昧經一卷　西晉帛法祖譯　第二譯　佚

集一切福德三昧經三卷　姚秦鳩摩羅什譯　第三譯　存

案：右三經同本異譯，二存一闕。

持心梵天經四卷　西晉竺法護譯　第一譯　存

思益梵天所問經四卷　姚秦鳩摩羅什譯　第二譯　存

勝思惟梵天所問經六卷　元魏菩提留支譯　第三譯　存

案：右三經同本異譯，均存於世。

持人菩薩經四卷　西晉竺法護譯　第一譯　存

持人菩薩經三卷　姚秦竺佛念譯　第二譯　佚

持世經四卷　姚秦鳩摩羅什譯　第三譯　存

案：右三經同本異譯，二存一闕。

濟諸方等學經一卷　西晉竺法護譯　第一譯　存

大乘方廣總持經一卷　隋毗尼多流支譯　第二譯　存

案：右二經同本異譯，均存於世。

文殊師利現寶藏經三卷　西晉竺法護譯　第一譯　存

文殊師利現寶藏經二卷　西晉安法欽譯　第二譯　佚

文殊師利現寶藏經二卷　西晉支法度譯　第三譯　佚

大方廣寶篋經三卷　劉宋求那跋陀羅譯　第四譯　存

案：右四經同本異譯，二存二闕。

大乘同性經二卷　宇文周闍那耶舍譯　第一譯　存

證契大乘經二卷　唐地婆訶羅譯　第二譯　存

案：右二經同本異譯，均存於世。

深密解脫經五卷　元魏菩提留支譯　第一譯　存

相續解脫地波羅蜜了義經一卷　劉宋求那跋陀羅譯　第二譯　存

相續解脫如來所作隨順處了義經一卷　劉宋求那跋陀羅譯　第三譯　存

佛說解節經一卷　陳眞諦譯　第四譯　存

解深密經五卷　唐玄奘譯　第五譯　存

案：右五經同本異譯，均存於世。其中第一譯、第五譯爲全本，其他三本則爲抽譯本。

大乘密嚴經三卷　唐地婆訶羅譯　第一譯　存

大乘密嚴經三卷　唐不空譯　第二譯　存

案：右二經同本異譯，均存於世。

緣生初勝分法本經二卷　隋達摩笈多譯　第一譯　存

分別緣起初勝法門經二卷　唐玄奘譯　第二譯　存

案：右二經同本異譯，均存於世。

楞伽經四卷　北涼曇無讖譯　第一譯　佚

楞伽阿跋多羅寶經四卷　劉宋求那跋陀羅譯　第二譯　存

入楞伽經十卷　元魏菩提流支譯　第三譯　存

大乘入楞伽經七卷　唐實叉難陀譯　第四譯　存
　案：右四經同本異譯，三存一闕。
菩薩行方便境界神通變化經三卷　劉宋求那跋陀羅譯　第一譯　存
大薩遮尼乾子所說經十卷　元魏菩提留支譯　第二譯　存
　案：右二經同本異譯，均存於世。
大方等無相經五卷　姚秦竺佛念譯　第一譯　佚
大方等大雲經六卷　北涼曇無讖譯　第二譯　存
　案：右二經同本異譯，一存一闕。
大雲輪請雨經一卷　宇文周闍那耶舍譯　第一譯　存
大雲輪請雨經二卷　隋那連提耶舍譯　第二譯　存
大方等大雲請雨經一卷　隋闍那崛多譯　第三譯　存
大雲輪請雨經二卷　唐不空譯　第四譯　存
　案：右四經同本異譯，均存於世。
諸法無行經二卷　姚秦鳩摩羅什譯　第一譯　存
諸法無行經一卷　劉宋求那跋陀羅譯　第二譯　佚
諸法本無經三卷　隋闍那崛多譯　第三譯　存

案：右三經同本異譯，二存一闕。

無極寶三昧經一卷　西晉竺法護譯　第一譯　存

寶如來三昧經二卷　東晉祇多蜜譯　第二譯　存

案：右二經同本異譯，均存於世。

慧印三昧經一卷　吳支謙譯　第一譯　存

如來智印經一卷　劉宋失譯　第二譯　存

佛說大乘智印經五卷　趙宋智吉祥譯　第三譯　存

案：右三經同本異譯，均存於世。

大灌頂經十二卷　東晉帛尸梨密多羅譯　第一譯　存

藥師如來本願經一卷　隋達摩笈多譯　第二譯　存

藥師琉璃光如來本願功德經一卷　唐玄奘譯　第三譯　存

藥師琉璃光七佛本願功德經二卷　唐義淨譯　第四譯　存

案：右四經同本異譯，均存於世。其第一譯十二卷每卷分別爲一部小經典，其他三本則相當於第十二卷灌頂拔除過罪生死得度經之重譯。

阿闍世王經二卷　後漢支婁迦讖譯　第一譯　存

普超三昧經三卷　西晉竺法護譯　第二譯　存

阿闍世王經二卷　西晉安法欽譯　第三譯　佚
更出阿闍世王經二卷　西晉竺法護譯　第四譯　佚
放鉢經一卷　西晉失譯　第五譯　存
阿闍世經二卷　姚秦鳩摩羅什譯　第六譯　佚
佛說未曾有正法經六卷　趙宋法天譯　第七譯　存

案：右七經同本異譯，四存三闕。其第四譯經名「更出」，係竺法護先譯普超三昧經，其後又再譯該經，屬於一人重譯同一部經典的特殊例證。

月燈三昧經一卷　後漢安世高譯　第一譯　佚
月燈三昧經十一卷　高齊那連提耶舍譯　第二譯　存
月燈三昧經一卷　劉宋釋先公譯　第三譯　存

案：右三經同本異譯，二存一闕，一卷本爲十一卷本之第七卷之重譯。

象腋經一卷　後漢支婁迦讖譯　第一譯　佚
無所希望經一卷　西晉竺法護譯　第二譯　存
無所悕望經一卷　東晉祇多蜜譯　第三譯　佚
象腋經一卷　劉宋曇摩蜜多譯　第四譯　存

案：右四經同本異譯，二存二闕。

大淨法門經一卷　西晉竺法護譯　第一譯　存
上金光首經一卷　前涼支施崙譯　第二譯　佚
大莊嚴法門經二卷　隋那連提耶舍譯　第三譯　存
　案：右三經同本異譯，二存一闕，
如來莊嚴智慧光明入一切佛境界經二卷　元魏曇摩流支譯　第一譯　存
度一切諸佛境界智嚴經一卷　梁僧伽婆羅譯　第二譯　存
佛說大乘入諸佛境界智光明莊嚴經五卷　趙宋法護譯　第三譯　存
　案：右三經同本異譯，均存於世。
阿彌陀佛偈經一卷　後漢失譯　第一譯　佚
後出阿彌陀佛偈經一卷　後漢失譯　第二譯　存
　案：右二經同本異譯，一存一闕。
觀無量壽佛經一卷　劉宋畺良耶舍譯　第一譯　存
觀無量壽佛經一卷　劉宋曇摩蜜多譯　第二譯　佚
　案：右二經同本異譯，一存一闕。
阿彌陀經一卷　姚秦鳩摩羅什譯　第一譯　存
小無量壽經一卷　劉宋求那跋陀羅譯　第二譯　佚

稱讚淨土佛攝受經一卷　唐玄奘譯　第三譯　存

案：右三經同本異譯，二存一闕。

彌勒成佛經一卷　西晉竺法護譯　第一譯　佚

彌勒成佛經一卷　姚秦鳩摩羅什譯　第二譯　存

案：右二經同本異譯，一存一闕。

佛說彌勒下生經一卷　西晉竺法護譯　第一譯　存

彌勒當來生經一卷　西晉失譯　第二譯　佚

彌勒作佛時事經一卷　東晉失譯　第三譯　佚

彌勒來時經一卷　東晉失譯　第四譯　存

彌勒下生經一卷　姚秦鳩摩羅什譯　第五譯　存

彌勒下生經一卷　梁眞諦譯　第六譯　佚

彌勒下生成佛經一卷　唐義淨譯　第七譯　存

案：右七經同本異譯，四存三闕。

諸法勇王經一卷　後漢支婁迦讖譯　第一譯　佚

諸法勇王經一卷　劉宋曇摩蜜多譯　第二譯　存

一切法高王經一卷　元魏般若流支譯　第三譯　存

諸法最上王經一卷　隋闍那崛多譯　第四譯　存

案：右四經同本異譯，三存一闕。

第一義法勝經一卷　元魏般若流支譯　第一譯　存

大威燈光仙人問疑經一卷　隋闍那崛多譯　第二譯　存

案：右二經同本異譯，均存於世。

權方便經一卷　吳康僧會譯　第一譯　佚

順權方便經二卷　西晉竺法護譯　第二譯　存

樂瓔珞莊嚴方便品經一卷　姚秦曇摩耶舍譯　第三譯　存

樂瓔珞莊嚴方便經一卷　劉宋法海譯　第四譯　佚

案：右四經同本異譯，二存二闕。

六度集經八卷　吳康僧會譯　第一譯　存

菩薩睒子經一卷　西晉失譯　第二譯　存

睒本起經二卷　姚秦鳩摩羅什譯　第三譯　佚

睒子經一卷　乞伏秦釋聖堅譯　第四譯　存

太子須大拏經一卷　乞伏秦釋聖堅譯　第五譯　存

案：右五經同本異譯，四存一闕。第一譯爲全本，由九十一部經典組合而成，其他各本則爲全本第二卷「施度中」同本異譯。

太子慕魄經一卷　後漢安世高譯　第一譯　存

太子沐魄經一卷　西晉竺法護譯　第三譯　存

案：右二經同本異譯，均存於世。此二經係全本六度集經第四卷「戒度中」同本異譯。

九色鹿經一卷　吳支謙譯　第二譯　存

案：右一經係全本六度集經第六卷「精進度中」同本異譯。

長壽王經一卷　西晉失譯　第二譯　存

案：右一經係全本六度集經第一卷「長壽王本生」同本異譯。

佛說頂王因緣經六卷　趙宋施護譯　第二譯　存

案：右一經係全本六度集經第四卷「頂生聖王經」同本異譯。

佛說月光菩薩經一卷　趙宋法賢譯　第二譯　存

案：右一經係全本六度集經第一卷「乾夷王本生」同本異譯。

佛說大意經一卷　劉宋求那跋陀羅譯　第二譯　存

案：右一經係全本六度集經第一卷「普施商主本生」同本異譯。

無字寶篋經一卷　元魏菩提流支譯　第一譯　存

無字寶篋經一卷　元魏佛陀扇多譯　第二譯　佚

大乘離文字普光明藏經一卷　唐地婆訶羅譯　第三譯　存
大乘遍照光明藏無字法門經一卷　唐地婆訶羅譯　第四譯　存
案：右四經同本異譯，三存一闕。第三譯、第四譯雖爲同人所譯，然時地不同，文字亦有差異。
老女人經一卷　吳支謙譯　第一譯　存
老母經一卷　劉宋失譯　第二譯　存
老母女六英經一卷　劉宋求那跋陀羅譯　第三譯　存
案：右三經同本異譯，均存於世。
月光童子經一卷　西晉竺法護譯　第一譯　存
失利越經一卷　西晉失譯　第二譯　佚
申日兒本經一卷　劉宋求那跋陀羅譯　第三譯　存
德護長者經二卷　隋那連提耶舍譯　第四譯　存
案：右四經同本異譯，三存一闕。
文殊師利問菩提經一卷　姚秦鳩摩羅什譯　第一譯　存
伽耶山頂經一卷　元魏菩提流支譯　第二譯　存
象頭精舍經一卷　隋毗尼多流支譯　第三譯　存
大乘伽耶山頂經一卷　唐菩提流志譯　第四譯　存

案：右四經同本異譯，均存於世。

文殊師利問經二卷　梁會伽婆羅譯　第一譯　存

文殊問經字母品第十四・一卷　唐不空譯　第二譯　存

案：右二經同本異譯，均存於世。

長者子制經一卷　後漢安世高譯　第一譯　存

長者子誓經一卷　曹魏失譯　第二譯　佚

菩薩逝經一卷　西晉白法祖譯　第三譯　存

逝童子經一卷　西晉支法度譯　第四譯　存

菩薩誓經一卷　劉宋沮渠京聲譯　第五譯　佚

案：右五經同本異譯，三存二闕。

犢子經一卷　吳支謙譯　第一譯　存

乳光佛經一卷　西晉竺法護譯　第二譯　存

犢牛經一卷　東晉曇無蘭譯　第三譯　佚

浮光經一卷　東晉祇多蜜譯　第四譯　佚

案：右四經同本異譯，二存二闕。

不莊挍女經一卷　吳支謙譯　第一譯　佚

無垢賢女經一卷 西晉竺法護譯 第二譯 存
腹中女聽經一卷 北涼曇無讖譯 第三譯 存
轉女身經一卷 劉宋曇摩蜜多譯 第四譯 存
腹中女聽經一卷 蕭齊釋法化譯 第五譯 佚

案：右五經同本異譯，三存二闕。

未曾有經一卷 後漢失譯 第一譯 存
無上依經二卷 梁眞諦譯 第二譯 存
甚希有經一卷 唐玄奘譯 第三譯 存

案：右三經同本異譯，均存於世。其中第二譯爲全本，其他兩本相當於全本之初品。

決定總經一卷 西晉竺法護譯 第一譯 存
謗佛經一卷 元魏菩提流支譯 第二譯 存

案：右二經同本異譯，均存於世。

寶積三昧文殊問法身經一卷 後漢安世高譯 第一譯 存
入法界體性經一卷 隋闍那崛多譯 第二譯 存

案：右二經同本異譯，均存於世。

如來師子吼經一卷 元魏佛陀扇多譯 第一譯 存

大方廣師子吼經一卷　唐地婆訶羅譯　第二譯　存

案：右二經同本異譯，均存於世。

大乘百福相經一卷　唐地婆訶羅譯　第一譯　存

大乘百福莊嚴相經一卷　唐地婆訶羅再譯　第二譯　存

案：右二經同本異譯，均存於世。二本雖同出一人之手，然時地不同，文字亦有差異。

大乘四法經一卷　唐地婆訶羅譯　第一譯　存

菩薩修行四法經一卷　唐地婆訶羅譯　第二譯　存

案：右二經同本異譯，均存於世。二本雖同出一人之手，然時地不同，文字亦有差異。

希有校量功德經一卷　隋闍那崛多譯　第一譯　存

最無比經一卷　唐玄奘譯　第二譯　存

案：右二經同本異譯，均存於世。

前世三轉經一卷　西晉釋法炬譯　第一譯　存

銀色女經一卷　元魏佛陀扇多譯　第二譯　存

案：右二經同本異譯，均存於世。

阿闍世王受決經一卷　西晉釋法炬譯　第一譯　存

採蓮違王上佛授決號妙華經一卷　東晉曇無蘭譯　第二譯　存

案：右二經同本異譯，均存於世。

正恭敬經一卷　元魏佛陀扇多譯　第一譯　存

善敬經一卷　隋闍那崛多譯　第二譯　存

案：右二經同本異譯，均存於世。

稱讚大乘功德經一卷　唐玄奘譯　第一譯　存

說妙法決定業障經一卷　唐釋智嚴譯　第二譯　存

案：右二經同本異譯，均存於世。

諫王經一卷　劉宋沮渠京聲　第一譯　存

如來示教勝軍王經一卷　唐玄奘譯　第二譯　存

佛爲勝光天子說王法經一卷　唐義淨譯　第三譯　存

佛說勝軍王所問經一卷　趙宋施護譯　第四譯　存

案：右四經同本異譯，均存於世。

大方等脩多羅王經一卷　元魏菩提留支譯　第一譯　存

轉有經一卷　元魏佛陀扇多譯　第二譯　存

佛說大乘流轉諸有經一卷　唐義淨譯　第三譯　存

案：右三經同本異譯，均存於世。

文殊師利巡行經一卷　元魏菩提留支譯　第一譯　存
文殊尸利行經一卷　隋闍那崛多譯　第二譯　存
案：右二經同本異譯，均存於世。
十二因緣經一卷　後漢安世高譯　第一譯　佚
聞城十二因緣經一卷　後漢支曜譯　第二譯　佚
貝多樹下思惟十二因緣經一卷　吳支謙譯　第三譯　存
十二因緣經一卷　西晉竺法護譯　第四譯　佚
十二因緣經一卷　蕭齊求那毗地譯　第五譯　佚
緣起聖道經一卷　唐玄奘譯　第六譯　存
佛說舊城喻經一卷　趙宋法賢譯　第七譯　存
案：右七經同本異譯，三存四闕。
了本生死經一卷　吳支謙譯　第一譯　存
異了本生死經一卷　西虢虢晉失譯　第二譯　佚
稻芉經一卷　東晉失譯　第三譯　存
慈氏菩薩所說大乘緣生稻幹喻經一卷　唐不空譯　第四譯　存
大乘舍黎娑擔摩經一卷　趙宋施護譯　第五譯　存

案：右五經同本異譯，四存一闕。又大正藏收錄兩部失譯經，或許第二譯並未亡佚。

自誓三昧經一卷　後漢安世高譯　第一譯　存
如來獨證自誓三昧經一卷　西晉竺法護譯　第二譯　存
如來獨證自誓三昧經一卷　東晉祇多蜜譯　第三譯　佚

案：右三經同本異譯，二存一闕。

灌洗佛形像經一卷　西晉釋法炬譯　第一譯　存
摩訶剎頭經一卷　乞伏秦釋聖堅譯　第二譯　存

案：右二經同本異譯，均存於世。

作佛形像經一卷　漢代失譯　第一譯　存
造立形像福報經一卷　東晉失譯　第二譯　存

案：右二經同本異譯，均存於世。

龍施女經一卷　吳支謙譯　第一譯　存
龍施菩薩本起經一卷　西晉竺法護譯　第二譯　存

案：右二經同本異譯，均存於世。

八吉祥神咒經一卷　吳支謙譯　第一譯　存
八陽神咒經一卷　西晉竺法護譯　第二譯　存

八吉祥經一卷　劉宋求那跋陀羅譯　第三譯　佚
八吉祥經一卷　梁僧伽婆羅譯　第四譯　存
八部佛名經一卷　元魏般若流支譯　第五譯　存
八佛名號經一卷　隋闍那崛多譯　第六譯　存
案：右六經同本異譯，五存一闕。
盂蘭盆經一卷　西晉竺法護譯　第一譯　存
報恩奉盆經一卷　東晉失譯　第二譯　存
案：右二經同本異譯，均存於世。
浴像功德經一卷　唐寶思惟譯　第一譯　存
浴像功德經一卷　唐義淨譯　第二譯　存
案：右二經同本異譯，均存於世。
校量數珠功德經一卷　唐寶思惟譯　第一譯　存
數珠功德經一卷　唐義淨譯　第二譯　存
案：右二經同本異譯，均存於世。
不空羂索咒經一卷　隋闍那崛多譯　第一譯　存
不空羂索神咒心經一卷　唐玄奘譯　第二譯　存

不空羂索咒心經一卷　唐菩提流志譯　第三譯　存

不空羂索神變眞言經三十卷　唐菩提流志譯　第四譯　存

案：右四經同本異譯，均存於世。第四譯爲全本，其他三譯則爲全本之序品重譯。又第三譯據開元釋教錄卷十二云：「流志先譯一卷，名不空羂索咒心經，尋本未獲。」因而卷十四將此經列爲闕本，然今本大正藏則收有此經，實不闕本。

不空羂索陀羅尼自在王咒經三卷　唐寶思惟譯　第一譯　存

不空羂索陀羅尼經一卷　唐李無諂譯　第二譯　存

佛說不空羂索陀羅尼儀軌經二卷　唐阿目佉譯　第三譯　存

佛說聖觀自在菩薩不空王祕密心陀羅尼經一卷　趙宋施護譯　第四譯　存

案：右四經同本異譯，均存於世，此四本是唐菩提流志譯三十卷全本的「梵本經抄」（見開元釋教錄卷十三），亦即摘譯全本中的部分經意。

千眼千臂觀世音菩薩陀羅尼神咒經三卷　唐釋智通譯　第一譯　存

千手千眼觀世音菩薩姥陀羅尼身經一卷　唐菩提留志譯　第二譯　存

千手千眼觀世音菩薩廣大圓滿無礙大悲心陀羅尼經一卷

唐伽梵達摩譯　第三譯　存

千手千眼觀自世菩薩廣大圓滿無礙大悲心陀羅尼咒本一卷

唐金剛智譯　第四譯　存

千手千眼觀世音菩薩大身咒本一卷　唐金剛智譯　第五譯　存

番大悲神咒一卷（譯人不詳）　第六譯　存

千手千眼觀世音菩薩大悲心陀羅尼一卷　唐不空譯　第七譯　存

案：右七經同本異譯，均存於世。

觀世音菩薩祕密藏神咒經一卷　唐實叉難陀譯　第一譯　存

觀世音菩薩如意摩尼陀羅尼經一卷　唐寶思惟譯　第二譯　存

觀自在菩薩如意心陀羅尼咒經一卷　唐義淨譯　第三譯　存

如意輪陀羅尼經一卷　唐菩提流志譯　第四譯　存

案：右四經同本異譯，均存於世。

文殊師利根本一字陀羅尼經一卷　唐寶思惟譯　第一譯　存

曼殊室利菩薩咒藏中一字咒王經一卷　唐義淨譯　第二譯　存

案：右二經同本異譯，均存於世。

十二佛名神咒經一卷　隋闍那崛多譯　第一譯　存

稱讚如來功德神咒經一卷　唐義淨譯　第二譯　存

案：右二經同本異譯，均存於世。

大孔雀王神咒經一卷　東晉帛尸梨蜜多羅譯　第一譯　佚
孔雀王雜神咒經一卷　東晉帛尸梨蜜多羅譯　第二譯　佚
孔雀王咒經一卷　東晉曇無蘭譯　第三譯　佚
孔雀王咒經一卷　姚秦鳩摩羅什譯　第四譯　存
大金色孔雀王咒經一卷　三秦失譯　第五譯　存
佛說大金色孔雀王咒經一卷　三秦失譯　第六譯　存
孔雀王咒經一卷　梁僧伽婆羅譯　第七譯　存
大孔雀咒王經一卷　唐義淨譯　第八譯　存
佛母大孔雀明王經三卷　唐不空譯　第九譯　存
佛說大孔雀明王畫像壇場儀軌一卷　唐不空譯　第十譯　存

案：右十經同本異譯，七存三闕。

陀羅尼集經十二卷　唐阿地瞿多譯　存

案：右一經十二卷爲陀羅尼之總集經典，每卷相當於一部小經典，下文分別註明其重譯狀況。

十一面觀世音神咒經一卷　宇文周耶舍崛多譯　第一譯　存
十一面神咒心經一卷　唐玄奘譯　第二譯　存

案：右四經同本異譯，均存於世。相當於全本陀羅尼集經第四卷。

摩利支天經一卷　梁代失譯　第一譯　存

案：右一經相當於全本陀羅尼集經第十卷同本異譯。

千囀陀羅尼觀世音菩薩咒經一卷　唐釋智通譯　第一譯　存

案：右一經相當於全本陀羅尼集經第五卷同本異譯。

六字神咒經一卷　唐菩提流志譯　存

案：右一經與全本陀羅尼集經第六卷、咒五首經六字陀羅尼，雜咒中六字陀羅尼咒等經同本異譯。

七俱胝佛大心准提陀羅尼經一卷　唐地婆訶羅譯　第一譯　存

七俱胝佛母准泥大明陀羅尼經一卷　唐金剛智譯　第二譯　存

七俱胝佛母所說准提陀羅尼經一卷　唐不空譯　第三譯　存

案：右三經同本異譯，均存於世。

佛頂尊勝陀羅尼經一卷　唐杜行顗譯　第一譯　存

佛頂最勝陀羅尼經一卷　唐地婆訶羅譯　第二譯　存

佛頂尊勝陀羅尼經一卷　唐佛陀波利譯　第三譯　存

最勝佛頂陀羅尼淨除業障經一卷　唐地婆訶羅再譯　第四譯　存

佛頂尊勝陀羅尼經一卷　唐義淨譯　第五譯　存

佛頂尊勝陀羅尼念誦儀軌法一卷　唐不空譯　第六譯　存
尊勝佛頂脩瑜伽法軌儀二卷　唐善無畏譯　第七譯　存
最勝佛頂陀羅尼經一卷　趙宋法天譯　第八譯　存

案：右八經同本異譯，均存於世。

無量門微密持經一卷　吳支謙譯　第一譯　存
無端底持經一卷　魏吳失譯　第二譯　佚
阿難目佉經一卷　西晉安法欽譯　第三譯　佚
無量破魔陀羅尼經一卷　西晉白法祖譯　第四譯　佚
出生無量門持經一卷　東晉佛陀跋陀羅譯　第五譯　存
阿難陀目佉尼呵離陀經一卷　劉宋求那跋陀羅譯　第六譯　存
無量門破魔陀羅尼經一卷　劉宋功德直共玄暢譯　第七譯　存
阿難陀目佉尼訶離陀鄰尼經一卷　元魏佛陀扇多譯　第八譯　存
舍利弗陀羅尼經一卷　梁僧伽婆羅譯　第九譯　存
一向出生菩薩經一卷　隋闍那崛多譯　第十譯　存
出生無邊門陀羅尼經一卷　唐釋智嚴譯　第十一譯　存
出生無邊門陀羅尼經一卷　唐不空譯　第十二譯　存

案：右十二經同本異譯，九存三闕。

勝幢臂印陀羅尼經一卷　唐玄奘譯　第一譯　存

妙臂印幢陀羅尼經一卷　唐實叉難陀譯　第二譯　存

案：右二經同本異譯，均存於世。

無厓際持法門經一卷　乞伏秦釋聖堅譯　第一譯　存

無厓際持法門經一卷　劉宋求那跋陀羅譯　第二譯　佚

尊勝菩薩所問一切諸法入無量門陀羅尼經一卷　高齊萬天懿譯　第三譯　存

案：右三經同本異譯，二存一闕。

金剛上味陀羅尼經一卷　元魏佛陀扇多譯　第一譯　存

金剛場陀羅尼經一卷　隋闍那崛多譯　第二譯　存

案：右二經同本異譯，均存於世。

華積陀羅尼神咒經一卷　吳支謙譯　第一譯　存

師子奮迅菩薩所問經一卷　東晉失譯　第二譯　存

華聚陀羅尼咒經一卷　東晉失譯　第三譯　存

佛說花積樓閣陀羅尼經一卷　趙宋施護譯　第四譯　存

案：右四經同本異譯，均存於世。第二、三譯莫辨先後，暫且依開元釋教錄卷十二順序排列。

六字咒王經一卷　東晉失譯　第一譯　存

六字神咒王經一卷　梁失譯　第二譯　存

案：右二經同本異譯，均存於世。

虛空藏菩薩問佛經一卷　梁失譯　第一譯　存

如來方便善巧咒經一卷　隋闍那崛多譯　第二譯　存

聖虛空藏菩薩陀羅尼經一卷　趙宋法天譯　第三譯　存

案：右三經同本異譯，均存於世。

持句神咒經一卷　吳支謙譯　第一譯　存

陀鄰尼鉢經一卷　東晉曇無蘭譯　第二譯　存

陀羅尼章句經一卷　東晉失譯　第三譯　佚

東方最勝燈王如來經一卷　隋闍那崛多譯　第四譯　存

東方最勝燈王陀羅尼經一卷　隋闍那崛多譯　第五譯　存

佛說聖最上燈明如來陀羅尼經一卷　趙宋施護譯　第六譯　存

佛說安宅陀羅尼咒經一卷　譯時譯人不詳　存

案：右七經同本異譯，六存一闕，佛說安宅陀羅尼咒經一經，今本大藏經均收錄，唯因譯人譯時不詳，故列於最後，不標明出經順序。

善法方便陀羅尼咒經一卷　東晉失譯　存

金剛祕密善門陀羅尼咒經一卷　東晉失譯　存

護命法門神咒經一卷　唐菩提流志譯　第三譯　存

佛說延壽妙門陀羅尼經一卷　趙宋法賢譯　第四譯　存

案：右四經同本異譯，均存於世。其中兩部「東晉失譯經」，開元釋教錄註云：「莫辯先後」，因此本文不標明出經順序。

離垢淨光陀羅尼經一卷　唐實叉難陀譯　第一譯　佚

無垢淨光大陀羅尼經一卷　唐彌陀山譯　第二譯　存

案：右二經同本異譯，一存一闕。

請觀世音經一卷　姚秦鳩摩羅什譯　第一譯　佚

請觀世音菩薩消伏毒陀羅尼咒經一卷　東晉竺難提譯　第二譯　存

案：右二經同本異譯，一存一闕。

內藏百寶經一卷　後漢支婁迦讖譯　第一譯　存

內藏經一卷　後漢安世高譯　第二譯　佚

案：右二經同本異譯，一存一闕。

溫室洗浴衆僧經一卷　後漢安世高譯　第一譯　存

溫室洗浴衆僧經一卷 西晉竺法護譯 第二譯 佚

案：右二經同本異譯，一存一闕。

叉須賴經一卷 曹魏白延譯 第一譯 存

須賴經一卷 吳支謙譯 第二譯 佚

須賴經一卷 前涼支施崙譯 第三譯 存

貧子須賴經一卷 劉宋求那跋陀羅譯 第四譯 佚

案：右四經同本異譯，二存二闕，其中第一譯開元釋教錄卷十四註明為「闕本」，然大正藏中收錄此經，故知其並未亡佚。又此四經與大寶積經第二十七善順菩薩會（唐菩提流志譯）同本異譯，因此須賴經的譯本總共應該有五部，三存二闕。

私訶昧經一卷 吳支謙譯 第一譯 存

道樹三昧經二卷 東晉失譯 第二譯 佚

案：右二經同本異譯，一存一闕。

菩薩生地經一卷 吳支謙譯 第一譯 存

菩薩所生地經一卷 乞伏秦釋聖堅譯 第二譯 佚

案：右二經同本異譯，一存一闕。

四不可得經一卷 後漢安世高譯 第一譯 佚

四不可得經一卷　西晉竺法護譯　第二譯　存

案：右二經同本異譯，一存一闕。

梵女首意經一卷　西晉竺法護譯　第一譯　存

梵女首意經一卷　劉宋釋勇公譯　第二譯　佚

有德女所問大乘經一卷　唐菩提流志譯　第三譯　存

案：右三經同本異譯，二存一闕。

光明三昧經一卷　後漢支婁迦讖譯　第一譯　佚

成具光明定意經一卷　後漢支曜譯　第二譯　存

案：右二經同本異譯，一存一闕。

寶網經一卷　西晉竺法護譯　第一譯　存

寶網經一卷　姚秦鳩摩羅什譯　第二譯　佚

案：右二經同本異譯，一存一闕。

菩薩行五十緣身經一卷　西晉竺法護譯　第一譯　存

菩薩緣身五十事經一卷　西晉聶道眞譯　第二譯　佚

案：右二經同本異譯，一存一闕。

菩薩修行經一卷　吳支謙譯　第一譯　佚

菩薩修行經一卷　曹魏白延譯　第二譯　佚

菩薩修行經一卷　西晉帛法祖譯　第三譯　存

案：右三經同本異譯，一存二闕。

諸德福田經一卷　西晉法立、法炬共譯　第一譯　存

福田經一卷　西晉法炬譯　第二譯　佚

案：右二經同本異譯，一存一闕。右二經之翻譯雖都與法炬有關，然確爲兩個不同譯本，開元釋教錄卷二法炬錄於福田經一卷之下註云：「與法立譯者少異，見竺道祖晉錄。」

大方等如來藏經一卷　西晉法立、法炬共譯　第一譯　佚

大方等如來藏經一卷　西晉帛法祖譯　第二譯　佚

大方等如來藏經一卷　東晉佛陀跋陀羅譯　第三譯　存

大方廣如來藏經一卷　唐不空譯　第四譯　存

案：右四經同本異譯，二存二闕。

佛語經一卷　元魏菩提留支譯　第一譯　存

佛語經一卷　宇文周闍那崛多譯　第二譯　佚

案：右二經同本異譯，一存一闕。

金色王經一卷　元魏曇摩流支譯　第一譯　佚

金色王經一卷　元魏般若流支譯　第二譯　存
演道俗業經一卷　吳支謙譯　第一譯　佚
案：右二經同本異譯，一存一闕。
演道俗業經一卷　乞伏秦釋聖堅譯　第二譯　存
百佛名經一卷　西晉竺法護譯　第一譯　佚
百佛名經一卷　隋那連提那舍譯　第二譯　存
案：右二經同本異譯，一存一闕。
稱揚諸佛功德經三卷　姚秦鳩摩羅什譯　第一譯　佚
現在佛名經三卷　劉宋求那跋陀羅譯　第二譯　佚
稱揚諸佛功德經三卷　元魏吉迦夜、曇曜共譯　第三譯　存
案：右三經同本異譯，一存二闕。
須眞天子經三卷　西晉竺法護譯　第一譯　存
須眞天子經一卷　北涼曇無讖譯　第二譯　佚
案：右二經同本異譯，一存一闕。
大摩耶經二卷　後漢支曜譯　第一譯　佚

摩訶摩耶經一卷　蕭齊曇景譯　第二譯　存

　案：右二經同本異譯，一存一闕。

除災患經一卷　曹魏帛延譯　第一譯　佚

除恐災患經一卷　乞伏秦釋聖堅譯　第二譯　存

　案：右二經同本異譯，一存一闕。

孛本經三卷　後漢支婁迦讖譯　第一譯　佚

孛經一卷　吳支謙譯　第二譯　存

孛經一卷　乞伏秦釋聖堅譯　第三譯　佚

　案：右三經同本異譯，一存二闕。

光世音大勢至受決經一卷　西晉竺法護譯　第一譯　佚

觀世音授記經一卷　西晉聶道眞譯　第二譯　佚

觀世音菩薩受記經一卷　劉宋曇無竭譯　第三譯　存

佛說如幻三摩地無量印法門經三卷　趙宋施護譯　第四譯　存

　案：右四經同本異譯，二存二闕。

海龍王經四卷　西晉竺法護譯　第一譯　存

海龍王經四卷　北涼曇無讖譯　第二譯　佚

案：右二經同本異譯，一存一闕。

首楞嚴經二卷　後漢支婁迦讖譯　第一譯　佚

方等首楞嚴經二卷　吳支謙譯　第二譯　佚

蜀首楞嚴經二卷　曹魏失譯　第三譯　佚

後出首楞嚴經二卷　曹魏失譯　第四譯　佚

首楞嚴經二卷　曹魏白延譯　第五譯　佚

勇伏定經二卷　西晉竺法護譯　第六譯　佚

首楞嚴經二卷　西晉竺叔蘭譯　第七譯　佚

首楞嚴經二卷　前涼支施崙譯　第八譯　佚

首楞嚴三昧經三卷　姚秦鳩摩羅什譯　第九譯　存

案：右九經同本異譯，一存八闕。九部重譯本之中，有八部亡佚，僅存一部傳世，這是中國譯經史上罕見的特例。西晉惠帝年間，沙門支敏度曾經將「兩支、兩竺」的譯本合併，成爲「合本」首楞嚴經八卷，亦佚。由以上特殊現象我們可以得到一項暗示，即羅什的譯本問世之後，其他譯本或許已乏人問津，連支敏度集大成的「合本」也不免慘遭淘汰，此適足以反證羅什譯本的優越性。

普賢觀經一卷　東晉祇多蜜譯　第一譯　佚

觀普賢菩薩經一卷　姚秦鳩摩羅什譯　第二譯　佚
觀普賢菩薩行法經一卷　劉宋曇摩蜜多譯　第三譯　存
案：右三經同本異譯，一存二闕。

藥王藥上菩薩觀經一卷　後漢安世高譯　第一譯　佚
觀藥王藥上二菩薩經一卷　劉宋畺良耶舍譯　第二譯　存
案：右二經同本異譯，一存一闕。

無思議光孩童菩薩經一卷　西晉竺法護譯　第一譯　佚
不思議光菩薩所問經一卷　姚秦鳩摩羅什譯　第二譯　存
案：右二經同本異譯，一存一闕。

十地斷結經八卷　後漢竺法蘭譯　第一譯　佚
十住斷結經十卷　姚秦竺佛念譯　第二譯　存
案：右二經同本異譯，一存一闕。

諸佛要集經二卷　西晉竺法護譯　第一譯　存
諸佛要集經二卷　西晉聶道眞譯　第二譯　佚
案：右二經同本異譯，一存一闕。

未曾有因緣經二卷　姚秦鳩摩羅什譯　第一譯　佚

未曾有因緣經二卷　蕭齊釋曇景譯　第二譯　存

案：右二經同本異譯，一存一闕。

瓔珞經十二卷　東晉祇多蜜譯　第一譯　佚

菩薩瓔珞經十二卷　姚秦竺佛念譯　第二譯　存

案：右二經同本異譯，一存一闕。

超日明三昧經二卷　西晉竺法護譯　第一譯　佚

超日明三昧經二卷　西晉聶承遠譯　第二譯　存

案：右二經同本異譯，一存一闕。

賢劫經十三卷　西晉竺法護譯　第一譯　存

賢劫經七卷　姚秦鳩摩羅什譯　第二譯　佚

案：右二經同本異譯，一存一闕。

淨度三昧經一卷　劉宋釋智嚴譯　第一譯　佚

淨度三昧經二卷　劉宋釋寶雲譯　第二譯　佚

淨度三昧經三卷　劉宋求那跋陀羅譯　第三譯　佚

淨度三昧經一卷　元魏釋曇曜譯　第四譯　佚

案：右四經同本異譯，並闕。

思意經一卷　後漢嚴佛調譯　第一譯　佚

益意經三卷　東晉康道和譯　第二譯　佚

　案：右二經同本異譯，並闕。

照明三昧經一卷　西晉竺法護譯　第一譯　佚

照明三昧經一卷　東晉祇多蜜譯　第二譯　佚

　案：右二經同本異譯，並闕。

惟明二十偈經一卷　吳支謙譯　第一譯　佚

惟明二十偈經一卷　西晉竺法護譯　第二譯　佚

　案：右二經同本異譯，並闕。

空淨天感應三昧經一卷　後漢安世高譯　第一譯　佚

空淨三昧經一卷　劉宋釋勇公譯　第二譯　佚

　案：右二經同本異譯，並闕。

法滅盡經一卷　吳支謙譯　第一譯　佚

法沒盡經一卷　西晉竺法護譯　第二譯　佚

　案：右二經同本異譯，並闕。

佛說決定義經一卷　趙宋法賢譯　第一譯　存

佛說法乘義決定經三卷　趙宋金總持等譯　第二譯　存

案：右二經同本異譯，均存於世。

佛說十力經一卷　唐勿提提犀魚譯　第一譯　存

佛說佛十力經一卷　趙宋施護譯　第二譯　存

案：右二經同本異譯，均存於世。

佛說出生菩提心經一卷　隋闍那崛多譯　第一譯　存

佛說發菩提心破諸魔經二卷　趙宋施護譯　第二譯　存

案：右二經同本異譯，均存於世。

大毗盧遮那成佛神變加持經七卷　唐善無畏共一行譯　第一譯　存

大毗盧遮那佛說要略念誦經一卷　唐菩提金剛譯　第二譯　存

案：右二經同本異譯，均存於世。第二譯與第一譯第七卷相當。

金剛頂一切如來眞實攝大乘現證大教王經三卷　唐不空譯　第一譯　存

金剛頂瑜伽中略出念誦經四卷　唐金剛智譯　第二譯　存

佛說一切如來眞實攝大乘現證三昧大教王經三十卷　趙宋施護譯　第三譯　存

案：右三經同本異譯，均存於世。第一譯、第二譯與第三譯「金剛界大曼拏羅廣大儀軌分」相當。

大乘無量壽經一經　唐失譯　第一譯　存
佛說大乘聖無量壽決定光明王如來陀羅尼經一卷　趙宋法天譯　第二譯　存
案：右二經同本異譯，均存於世。
一字佛頂輪王經五卷　唐菩提流志譯　第一譯　存
五佛頂三昧陀羅尼經四卷　唐菩提流志譯　第二譯　存
菩提場所說一字頂輪王經五卷　唐不空譯　第三譯　存
案：右三經同本異譯，均存於世。
佛說熾盛光大威德消災吉祥陀羅尼經一卷　唐不空譯　第一譯　存
佛說大威德金輪佛頂熾盛光如來消除一切災難陀羅尼經一卷　唐失譯　第二譯　存
案：右二經同本異譯，均存於世。
佛頂大白傘蓋陀羅尼經一卷　元沙囉巴譯　第一譯　存
佛說大白傘蓋總持陀羅尼經一卷　元眞智等譯　第二譯　存
案：右二經同本異譯，均存於世。
佛說一切如來烏瑟膩沙最勝總持經一卷　趙宋法天譯　第一譯　存
于瑟尼沙毗左野陀羅尼一卷　高麗指空譯　第二譯　存
案：右二經同本異譯，均存於世。

廣大寶樓閣善住祕密陀羅尼經三卷　唐菩提流志譯　第一譯　存
大寶廣博樓閣善住祕密陀羅尼經三卷　唐不空譯　第二譯　存
牟梨曼陀羅咒經一卷　唐失譯　第三譯　存

案：右三經同本異譯，均存於世。

一切如來心祕密全身舍利寶篋印陀羅尼一經　唐不空譯　第一譯　存
一切如來正法祕密篋印心陀羅尼經一卷　趙宋施護譯　第二譯　存

案：右二經同本異譯，均存於世。

咒五首一卷　唐玄奘譯　第一譯　存
千轉陀羅尼觀世音菩薩咒一卷　唐智通譯　第二譯　存
千轉大明陀羅尼經一卷　趙宋施護譯　第三譯　存

案：右三經同本異譯，均存於世。

觀自在菩薩說普賢陀羅尼經一卷　唐不空譯　第一譯　存
清淨觀世音普賢陀羅尼經一卷　唐智通譯　第二譯　存

案：右二經同本異譯，均存於世。

觀自在菩薩如意輪瑜伽一卷　唐不空譯　第一譯　存
觀自在如意輪菩薩瑜伽法要一卷　唐金剛智譯　第二譯　存

案：右二經同本異譯，均存於世。

聖多羅菩薩一百八名陀羅尼經一卷　趙宋法天譯　第一譯　存

讚揚聖德多羅菩薩一百八名經一卷　趙宋天息災譯　第二譯　存

聖多羅菩薩梵讚一卷　趙宋施護譯　第三譯　存

案：右三經同本異譯，均存於世。

金剛壽命陀羅尼念誦法一卷　唐不空譯　第一譯　存

金剛壽命陀羅尼經法一卷　唐不空譯　第二譯　存

案：右二經同本異譯，均存於世。

佛說一切如來金剛壽命陀羅尼經一卷　唐不空譯　第一譯　存

佛說一切諸如來心光明加持普賢菩薩延命金剛最勝陀羅尼經一卷　唐不空譯　第二譯　存

案：右二經同本異譯，均存於世。

普遍光明清淨熾盛如意寶印心無能勝大明王大隨求陀羅尼經二卷　唐不空譯　第一譯　存

佛說隨求即得大自在陀羅尼神咒經一卷　唐寶思惟譯　第二譯　存

案：右二經同本異譯，均存於世。

持世陀羅尼經一卷　唐玄奘譯　第一譯　存
佛說雨寶陀羅尼經一卷　唐不空譯　第二譯　存
佛說大乘聖吉祥持世陀羅尼經一卷　趙宋法天譯　第三譯　存
聖持世陀羅尼經一卷　趙宋施護譯　第四譯　存
　案：右四經同本異譯，均存於世。
八大菩薩曼荼羅經一卷　唐不空譯　第一譯　存
佛說大乘八大曼拏羅經一卷　趙宋法賢譯　第二譯　存
　案：右二經同本異譯，均存於世。
文殊所說最勝名義經二卷　趙宋金總持等譯　第一譯　存
佛說文殊菩薩最勝眞實名義經一卷　元沙囉巴譯　第二譯　存
聖妙吉祥眞實名經一卷　元釋智譯　第三譯　存
　案：右三經同本異譯，均存於世。
阿吒婆拘鬼神大將上佛陀羅尼神咒經一卷　梁失譯　第一譯　存
阿吒婆拘鬼神大將上佛陀羅尼經一卷　梁失譯　第二譯　存
　案：右二經同本異譯，均存於世。
使咒法經一卷　唐菩提留志譯　第一譯　存

大使咒法經一卷　唐菩提留志譯　第二譯　存

案：右二經同本異譯，均存於世。

諸星母陀羅尼經一卷　唐法成譯　第一譯　存

佛說聖曜母陀羅尼經一卷　唐法天譯　第二譯　存

案：右二經同本異譯，均存於世。

佛說救面然餓鬼陀羅尼神咒經一卷　唐實叉難陀譯　第一譯　存

佛說救拔焰口餓鬼陀羅尼經一卷　唐不空譯　第二譯　存

案：右二經同本異譯，均存於世。

諸佛集會陀羅尼經一卷　唐提雲般若等譯　第一譯　存

息除中夭陀羅尼經一卷　趙宋施護譯　第二譯　存

案：右二經同本異譯，均存於世。

六門陀羅尼經一卷　唐玄奘譯　第一譯　存

六門陀羅尼經論一卷　唐失譯　第二譯　存

案：右二經同本異譯，均存於世。

八名普密陀羅尼經一卷　唐玄奘譯　第一譯　存

佛說祕密八名陀羅尼經一卷　趙宋法賢譯　第二譯　存

貳、大乘律類重譯經考錄

菩薩地持經十卷　北涼曇無讖　第一譯　存

菩薩善戒經九卷　劉宋求那跋摩譯　第二譯　存

案：右二經同本異譯，均存於世，與百卷本瑜伽師地論本事分第十五菩薩地相當。

梵網經二卷　後漢康孟詳譯　第一譯　佚

梵網經二卷　姚秦鳩摩羅什譯　第二譯　存

案：右二經同本異譯，一存一闕。

菩薩瓔珞本業經二卷　姚秦竺佛念譯　第一譯　存

菩薩瓔珞本業經一卷　劉宋釋智嚴譯　第二譯　佚

瓔珞本業經二卷　劉宋釋道嚴譯　第三譯　佚

案：右三經同本異譯，一存二闕。

菩薩戒本一卷　姚秦鳩摩羅什譯　第一譯　佚

菩薩戒本一卷　北涼曇無讖譯　第二譯　存

菩薩戒本一卷　唐玄奘譯　第三譯　存

案：右三經同本異譯，二存一闕。

文殊師利淨律經一卷　西晉竺法護譯　第一譯　存

文殊師利淨律經一卷　西晉聶道眞譯　第二譯　佚

清靜毗尼方廣經一卷　姚秦鳩摩羅什譯　第三譯　存

寂調音所問經一卷　劉宋釋法海譯　第四譯　存

案：右四經同本異譯，三存一闕。

菩薩齋法經一卷　西晉竺法護譯　第一譯　佚

菩薩受齋經一卷　西晉聶道眞譯　第二譯　存

菩薩正齋經一卷　東晉祇多蜜譯　第三譯　佚

案：右三經同本異譯，一存二闕。

文殊悔過經一卷　西晉竺法護譯　第一譯　存

文殊悔過經一卷　姚秦鳩摩羅什譯　第二譯　佚

案：右二經同本異譯，一存一闕。

舍利弗悔過經一卷　後漢安世高譯　第一譯　存

舍利弗悔過經一卷　西晉竺法護譯　第二譯　佚
舍利弗悔過經一卷　姚秦鳩摩羅什譯　第三譯　佚
案：右三經同本異譯，一存二闕。
法律三昧經一卷　後漢安世高譯　第一譯　佚
法律三昧經一卷　吳支謙譯　第二譯　存
案：右二經同本異譯，一存一闕。

叁、大乘論類重譯經考錄

大乘寶積經論四卷　元魏菩提留支譯　第一譯　存
寶積經論四卷　元魏勒那摩提譯　第二譯　佚

案：右二經同本異譯，一存一闕，此論系闡釋大寶積經第四十九會經義。

金剛般若波羅蜜經論三卷　元魏菩提留支譯　第一譯　存
能斷金剛般若波羅蜜多經論釋三卷　唐義淨譯　第二譯　存

案：右二經同本異譯，均存於世。

妙法蓮華經論一卷　元魏勒那摩提共僧朗譯　第一譯　存
法華經論二卷　元魏菩提留支共曇林譯　第二譯　存
法華論五卷　唐義淨譯　第三譯　佚

案：右三經同本異譯，二存一闕，其第三譯開元釋教錄卷十四註云：「訪本未獲」。

涅槃論一卷　元魏達摩菩提譯　第一譯　存

大般涅槃經論一卷　陳眞諦譯　第二譯　佚

案：右二經同本異譯，一存一闕。

十七地論五卷　梁眞諦譯　第一譯　佚

菩薩地持經十卷　北涼曇無讖譯　第二譯　存

瑜伽師地論一百卷　唐玄奘譯　第三譯　存

案：右三經同本異譯，二存一闕，其第一、二譯爲不全本，第三譯爲全本，第一譯相當於全本本地分菩薩地。

攝大乘論二卷　元魏佛陀扇多譯　第一譯　存

攝大乘論三卷　陳眞諦譯　第二譯　存

攝大乘論本三卷　唐玄奘譯　第三譯　存

案：右三經同本異譯，均存於世。

攝大乘論釋十五卷　陳眞諦譯　第一譯　存

攝大乘論釋十卷　隋達摩笈多譯　第二譯　存

攝大乘論釋十卷　唐玄奘譯　第三譯　存

案：右三經同本異譯，均存於世，三本均依據世親菩薩造本翻譯，用以闡釋攝大乘論。玄奘三藏另譯有《攝大乘論釋十卷》，爲無性菩薩造本，係單本，與右三經名同而實不同。

中邊分別論二卷　陳眞諦譯　第一譯　存

辯中邊論三卷　唐玄奘譯　第二譯　存

案：右二經同本異譯，均存於世。

寶性論四卷　元魏菩提留支譯　第一譯　佚

究竟一乘寶性論四卷　元魏勒那摩提譯　第二譯　存

案：右二經同本異譯，一存一闕。

業成就論一卷　元魏毗目智仙譯　第一譯　存

大乘成業論一卷　唐玄奘譯　第二譯　存

案：右二經同本異譯，均存於世。

因明正理門論本一卷　唐玄奘譯　第一譯　存

因明正理門論一卷　唐義淨譯　第二譯　存

案：右二經同本異譯，均存於世。

唯識論一卷　元魏般若流支譯　第一譯　存

唯識論一卷　陳眞諦譯　第二譯　存

唯識二十論一卷　唐玄奘譯　第三譯　存

案：右三經同本異譯，均存於世。

大乘五陰論一卷 梁失譯 第一譯 佚
大乘五蘊論一卷 唐玄奘譯 第二譯 存
案：右二經同本異譯，一存一闕。
大乘起信論一卷 梁眞諦譯 第一譯 存
大乘起信論二卷 唐實叉難陀譯 第二譯 存
案：右二經同本異譯，均存於世。
方便心論一卷 東晉佛陀跋陀羅譯 第一譯 佚
方便心論一卷 元魏吉迦夜共曇曜譯 第二譯 存
案：右二經同本異譯，一存一闕。
無相思塵論一卷 陳眞諦譯 第一譯 存
觀所緣論一卷 唐玄奘譯 第二譯 存
案：右二經同本異譯，均存於世。
解捲論一卷 陳眞諦譯 第一譯 存
掌中論一卷 唐義淨譯 第二譯 存
案：右二經同本異譯，均存於世。

肆、小乘經類重譯經考錄

四阿含重譯經考錄

長阿含經二十二卷　姚秦佛陀耶舍譯　存

案：長阿含經是原始佛教聖典之一，屬於法藏部的傳本，由三十部經典組合而成，姚秦佛陀耶舍譯本爲全本，其他單經重譯甚爲普遍，茲依序列舉如下（爲節省篇幅，只列重譯經）：

長阿含經之一：大本經　姚秦佛陀耶舍譯　第三譯　存

七佛父母姓字經一卷　失譯　第一譯　存

增一阿含經之四十八：十不善品　東晉僧伽提婆譯　第二譯　存

佛說七佛經一卷　趙宋法天譯　第四譯　存

毗婆尸佛經二卷　趙宋法天譯　第五譯　存

案：右五經同本異譯，均存於世。

長阿含經之二：遊行經　姚秦佛陀耶舍譯　第四譯　存

佛般泥洹經二卷　西晉白法祖譯　第一譯　存

般泥洹經二卷　失譯　第二譯　存

大般涅槃經三卷　東晉法顯譯　第三譯　存

根本說一切有部毗奈耶雜事（四十卷）三十五至三十九卷　唐義淨譯　第五譯　存

案：右五經同本異譯，均存於世。

長阿含經之三：典尊經　姚秦佛陀耶舍譯　第一譯　存

佛說大堅固婆羅門緣起經二卷　趙宋施護譯　第二譯　存

案：右二經同本異譯，均存於世。

長阿含經之四：闍尼沙經　姚秦佛陀耶舍譯　第一譯　存

佛說人仙經一卷　趙宋法賢譯　第二譯　存

案：右二經同本異譯，均存於世。

長阿含經之五：小緣經　姚秦佛陀耶舍譯　第二譯　存

中阿含經之一五四：婆羅堂經　東晉僧伽提婆譯　第一譯　存

佛說白衣金幢二婆羅門緣起經三卷　趙宋施護譯　第三譯　存

案：右三經同本異譯，均存於世。

長阿含經之六：轉輪聖王修行經　姚秦佛陀耶舍譯　第二譯　存

中阿含經之七十：轉輪王經　東晉僧伽提婆譯　第一譯　存

案：右二經同本異譯，均存於世。

長阿含經之七：弊宿經　姚秦佛陀耶舍譯　第四譯　存

鳩摩迦葉經一卷　僧祐錄中失譯經　第一譯　佚

僮迦葉解難經一卷　乞伏秦聖堅譯　第二譯　佚

中阿含經之七十一：肆經　東晉僧伽提婆譯　第三譯　存

大正句王經二卷　趙宋法賢譯　第五譯　存

案：右五經同本異譯，三存二闕。

長阿含經之八：散陀那經　姚秦佛陀耶舍譯　第二譯　存

中阿含經之一零四：優曇婆邏經　東晉僧伽提婆經　第一譯　存

佛說尼拘陀梵志經二卷　趙宋施護譯　第三譯　存

案：右三經同本異譯，均存於世。

長阿含經之九：衆集經　姚秦佛陀耶舍譯　第一譯　存

佛說大集法門經二卷　趙宋施護譯　第二譯　存

案：右二經同本異譯，均存於世。

長阿含經之十：十上經　姚秦佛陀耶舍譯　第二譯　存

長阿含十報法經二卷　後漢安世高譯　第一譯　存

案：右二經同本異譯，均存於世。

長阿含經之十三：大緣方便經　姚秦佛陀耶舍譯　第三譯　存

佛說人本欲生經一卷　後漢安世高譯　第一譯　存

中阿含經之九十七：大因經　東晉僧伽提婆譯　第二譯　存

佛說大生義經一卷　趙宋施護譯　第四譯　存

案：右四經同本異譯，均存於世。

長阿含經之十四：釋提桓因問經　姚秦佛陀耶舍譯　第二譯　存

中阿含經之一三四：釋問經　東晉僧伽提婆譯　第一譯　存

雜寶藏經之七十三：帝釋問事緣　元魏吉迦夜共曇曜譯　第三譯　存

佛說帝釋所問經一卷　趙宋法賢譯　第四譯　存

案：右四經同本異譯，均存於世。

長阿含經之十六：善生經　姚秦佛陀耶舍譯　第五譯　存

佛說尸迦羅越六方禮經一卷　後漢安世高譯　第一譯　存

大六向拜經一卷	西晉竺法護譯	第二譯	佚
佛說善生子經一卷	西晉支法度譯	第三譯	存
中阿含經之一三五：善生經	東晉僧伽提婆譯	第四譯	存

案：右五經同本異譯，四存一闕。

長阿含經之十八：自歡喜經	姚秦佛陀耶舍譯	第一譯	存
佛說信佛功德經一卷	趙宋法賢譯	第二譯	存

案：右二經同本異譯，均存於世。

長阿含經之十九：大會經	姚秦佛陀耶舍譯	第二譯	存
別譯雜阿含經之一零五	失譯	第一譯	存
雜阿含經之一一九二	劉宋求那跋陀羅譯	第三譯	存
佛說大三摩惹經一卷	趙宋法天譯	第四譯	存

案：右四經同本異譯，均存於世。

長阿含經之二十：阿摩晝經	姚秦佛陀耶舍譯	第二譯	存
佛開解梵志阿　經一卷	吳支謙譯	第一譯	存
佛開解梵志阿　經一卷	東晉釋法勇譯	第三譯	佚

案：右三經同本異譯，二存一闕。

長阿含經之二十一：梵動經
佛說梵網六十二見經一卷　姚秦佛陀耶舍譯　第三譯　存
六十二見經一卷　吳支謙譯　第一譯　存
案：右三經同本異譯，二存一闕。　西晉竺法護譯　第二譯　佚

長阿含經之二十七：沙門果經　姚秦佛陀耶舍譯　第三譯　存
佛說寂志果經一卷　東晉竺曇無蘭譯　第一譯　存
增一阿含經之四十三：馬血天子問八政品　東晉僧伽提婆譯　第二譯　存
案：右三經同本異譯，均存於世。

長阿含經之三十：世記經　姚秦佛陀耶舍譯　第四譯　存
樓炭經六卷　西晉竺法護譯　第一譯　佚
大樓炭經六卷　西晉法立共法炬譯　第二譯　存
樓炭經八卷　西晉釋法炬譯　第三譯　佚
起世經十卷　隋闍那崛多等譯　第五譯　存
起世因本經十卷　隋達摩笈多譯　第六譯　存
案：右六經同本異譯，四存二闕。

◎道意發行經二卷　後漢安世高譯　佚

◎大十二門經一卷　後漢安世高譯　佚
◎小十二門經一卷　後漢安世高譯　佚
◎七法經一卷　後漢安世高譯　佚
◎多增道章經一卷　後漢安世高譯　佚
◎義決律經一卷　後漢安世高譯　佚
◎彌勒經一卷　僧祐錄云安公失譯經，附西晉錄　佚

案：《道意發行經二卷》以下諸經，據開元釋教錄卷十五，僅知其為長阿含經之異譯，然切確歸屬則不得詳知，茲一并附錄如上，並加「◎」符號以資區別。

中阿含經五十卷　符秦曇摩難提譯　第一譯　佚
中阿含經六十卷　東晉僧伽提婆譯　第二譯　存

案：右二經同本異譯，一存一闕。中阿含經是原始佛教聖典之一，屬於說一切有部的傳本，由二百二十二部小經典組合而成，東晉僧伽提婆譯本為全本，其他單經重譯甚為普遍，茲依序列舉如下（為節省篇幅，只列重譯經）：

中阿含經之一：善法經　東晉僧伽提婆譯　第三譯　存
佛說七知經　吳支謙譯　第一譯　存
增一阿含經等法品之一　東晉僧伽提婆譯　第二譯　存

案：右三經同本異譯，均存於世。中阿含經與增一阿含經雖都譯於僧伽提婆之手，然據開元釋教錄卷三僧伽提婆錄可知，增一阿含經譯出於隆安元年（西元三九七年）正月，中阿含經則出於同年十一月。

中阿含經之二：晝度樹經　東晉僧伽提婆譯　第二譯　存
增一阿含經等法品之二　東晉僧伽提婆譯　第一譯　存
佛說園生樹經一卷　趙宋施護譯　第三譯　存

案：右三經同本異譯，均存於世。

中阿含經之四：水喻經　東晉僧伽提婆譯　第三譯　存
佛說鹹水喻經一卷　西晉失譯　第一譯　存
增一阿含經等法品之三　東晉僧伽提婆譯　第二譯　存

案：右三經同本異譯，均存於世。

中阿含經之八：七日經　東晉僧伽提婆譯　第二譯　存
增一阿含經七日品之一　東晉僧伽提婆譯　第一譯　存
佛說薩鉢多酥哩踰捺野經一卷　趙宋法賢譯　第三譯　存

案：右三經同本異譯，均存於世。

中阿含經之十：漏盡經　東晉僧伽提婆譯　第三譯　存

佛說一切流攝守因經一卷　後漢安世高譯　第一譯　存

增一阿含經七日品之六　東晉僧伽提婆譯　第二譯　存

案：右二經同本異譯，均存於世。

中阿含經之三十一：分別聖諦經　東晉僧伽提婆譯　第四譯　存

佛說四諦經一卷　後漢安世高譯　第一譯　存

四諦經一卷　後漢康孟詳譯　第二譯　佚

增一阿含經等趣四諦品之一　第三譯　存

案：右四經同本異譯，三存一闕。

中阿含經之三十七：瞻波經　東晉僧伽提婆譯　第三譯　存

佛說恆水經一卷　西晉法炬譯　第一譯　存

法海經一卷　西晉法炬譯　第二譯　存

佛說海八德經一卷　姚秦鳩摩羅什譯　第四譯　存

案：右四經同本異譯，均存於世。第一譯、第二譯同出法炬之手，依開元釋教錄卷二法炬錄定其先後。

中阿含經之五十一：本際經　東晉僧伽提婆譯　第三譯　存

佛說本相猗致經一卷　後漢安世高譯　第一譯　存

佛說緣本致經一卷　東晉失譯　第二譯　存

案：右三經同本異譯，均存於世。

中阿含經之五十八：七寶經　東晉僧伽提婆譯　第二譯　存

增一阿含經等法品之七　東晉僧伽提婆譯　第一譯　存

雜阿含經之七二一　劉宋求那跋陀羅譯　第三譯　存

佛說輪王七寶經　趙宋施護譯　第四譯　存

案：右四經同本異譯，均存於世。

中阿含經之六十：四洲經　東晉僧伽提婆譯　第二譯　存

佛說頂生王故事經一卷　西晉法炬譯　第一譯　存

佛說文陀竭王經一卷　北涼曇無讖譯　第三譯　存

案：右三經同本異譯，均存於世。

中阿含經之六十二：頻　娑邏王迎佛經　東晉僧伽提婆譯　第一譯　存

佛說頻羅婆裟羅王經一卷　趙宋法賢譯　第二譯　存

案：右二經同本異譯，均存於世。

中阿含經之六十四：天使經　東晉僧伽提婆譯　第三譯　存

佛說鐵城泥犁經一卷　東晉竺曇無蘭譯　第一譯　存

增一阿含經善聚品之四　東晉僧伽提婆譯　第二譯　存
佛說閻羅王五天使者經一卷　劉宋慧簡譯　第四譯　存
　案：右四經同本異譯，均存於世。
中阿含經之六十六：說本經　東晉僧伽提婆譯　第一譯　存
佛說古來世時經一卷　東晉失譯　第二譯　存
　案：右二經同本異譯，均存於世。
中阿含經之六十八：大善見王經　東晉僧伽提婆譯　第一譯　存
長阿含經之二：遊行經　姚秦佛陀耶舍共竺佛念譯　第二譯　存
大正句王經二卷　趙宋法賢譯　第三譯　存
　案：右三經同本異譯，均存於世。
中阿含經之七十四：八念經　東晉僧伽提婆譯　第三譯　存
佛說阿那律八念經一卷　後漢支曜譯　第一譯　存
增一阿含經莫畏品之六　東晉僧伽提婆譯　第二譯　存
　案：右三經同本異譯，均存於世。
中阿含經之八十三：長老上尊睡眠經　東晉僧伽提婆譯　第二譯　存
佛說離睡經一卷　西晉竺法護譯　第一譯　存

案：右二經同本異譯，均存於世。

中阿含經之八十五：眞人經　東晉僧伽提婆譯　第二譯　存

佛說是法非法經一卷　後漢安世高譯　第一譯　存

案：右二經同本異譯，均存於世。

中阿含經之八十七：穢品經　東晉僧伽提婆譯　第三譯　存

佛說求欲經一卷　西晉法炬譯　第一譯　存

增一阿含經四諦品之六　東晉僧伽提婆譯　第二譯　存

案：右三經同本異譯，均存於世。

中阿含經之八十九：比丘請經　東晉僧伽提婆譯　第二譯　存

佛說受歲經一卷　西晉竺法護譯　第一譯　存

案：右二經同本異譯，均存於世。

中阿含經之九十三：水淨梵志經　東晉僧伽提婆譯　第二譯　存

增一阿含經利養品之五　東晉僧伽提婆譯　第一譯　存

佛說梵志計水淨經一卷　東晉失譯　第三譯　存

別譯雜阿含經之九　三秦失譯　第四譯　存

雜路阿含經之一一八五　劉宋求那跋陀羅譯　第五譯　存

案：右五經同本異譯，均存於世。

中阿含經之九十七：大因經　東晉僧伽提婆譯　第二譯　存

佛說苦陰經一卷　後漢失譯　第一譯　存

長阿含經之十三：大緣方便經　姚秦佛陀耶舍共竺佛念譯　第三譯　存

佛說大生義經一卷　趙宋施護譯　第四譯　存

案：右四經同本異譯，均存於世。

中阿含經之一百：苦陰經　東晉僧伽提婆譯　第三譯　存

佛說釋摩男本四子經一卷　吳支謙譯　第一譯　存

佛說苦陰因事經一卷　西晉法炬譯　第二譯　存

案：右三經同本異譯，均存於世。

中阿含經之一〇六：想經　東晉僧伽提婆譯　第二譯　存

佛說樂想經一卷　西晉竺法護譯　第一譯　存

案：右二經同本異譯，均存於世。

中阿含經之一一一：達梵行經　東晉僧伽提婆譯　第二譯　存

佛說漏分布經一卷　後漢安世高譯　第一譯　存

案：右二經同本異譯，均存於世。

中阿含經之一一二：阿奴波經　東晉僧伽提婆譯　第二譯　存

佛說阿耨風經　東晉竺曇無蘭譯　第一譯　存

案：右二經同本異譯，均存於世。

中阿含經之一一三：諸法本經　東晉僧伽提婆譯　第二譯　存

佛說諸法本經一卷　吳支謙譯　第一譯　存

案：右二經同本異譯，均存於世。

中阿含經之一一六：瞿曇彌經　東晉僧伽提婆譯　第一譯　存

佛說瞿曇彌記果經一卷　劉宋慧簡譯　第二譯　存

案：右二經同本異譯，均存於世。

中阿含經之一二二：請請經　東晉僧伽提婆譯　第四譯　存

佛說受新歲經一卷　西晉竺法護譯　第一譯　存

佛說新歲經一卷　東晉竺曇無蘭譯　第二譯　存

增一阿含經善聚品之五　東晉僧伽提婆譯　第三譯　存

別譯雜阿含經之二二八　三秦失譯　第五譯　存

雜阿含經之一二一二　劉宋求那跋陀羅譯　第六譯　存

佛說解夏經一卷　趙宋法賢譯　第七譯　存

案：右七經同本異譯，均存於世。

中阿含經之一二一：瞻波經　東晉僧伽提婆譯　第二譯　存

佛說瞻婆比丘經一卷　西晉法炬譯　第一譯　存

案：右二經同本異譯，均存於世。又中阿含經之三十七亦名「瞻波經」，二經內容「前同後異」。

中阿含經之一二六：行欲經　東晉僧伽提婆譯　第二譯　存

佛說伏婬經一卷　西晉法炬譯　第一譯　存

案：右二經同本異譯，均存於世。

中阿含經之一三一：降魔經　東晉僧伽提婆譯　第四譯　存

佛說魔嬈亂經一卷　後漢失譯　第一譯　存

魔王入目揵蘭腹經一卷　後漢失譯　第二譯　佚

弊魔試目連經一卷　吳支謙譯　第三譯　存

案：右四經同本異譯，三存一闕。

中阿含經之一三二：賴吒和羅經　東晉僧伽提婆譯　第三譯　存

賴吒和羅經一經　後漢支曜譯　第一譯　存

佛說賴吒和羅經一卷　吳支謙譯　第二譯　存

佛說護國經一卷　趙宋法賢譯　第四譯　存

案：右四經同本異譯，均存於世。

中阿含經之一三五：善生經　東晉僧伽提婆譯　第二譯　存

善生子經一卷　西晉支法度譯　第一譯　存

善生子經一卷　劉宋釋慧簡譯　第三譯　佚

案：右三經同本異譯，二存一闕。

中阿含經之一四四：算術目揵連經　東晉僧伽提婆譯　第二譯　存

佛說數經一卷　西晉法炬譯　第一譯　存

案：右二經同本異譯，均存於世。

中阿含經之一五一：阿攝和經　東晉僧伽提婆譯　第二譯　存

梵志頞波羅延問種尊經一卷　東晉竺曇無蘭譯　第一譯　存

案：右二經同本異譯，均存於世。

中阿含經之一五五：須達　經　東晉僧伽提婆譯　第二譯　存

增一阿含經等趣四諦品之三　東晉僧伽提婆譯　第一譯　存

三歸五戒慈心厭離功德經一卷　東晉失譯　第三譯　存

佛說須達經一卷　蕭齊求那毗地譯　第四譯　存

佛說長者施報經一卷　趙宋法天譯　第五譯　存
案：右五經同本異譯，均存於世。
中阿含經之一五七：黃蘆園經　東晉僧伽提婆譯　第一譯　存
佛爲黃竹園老婆羅門說學經一卷　劉宋失譯　第二譯　存
案：右二經同本異譯，均存於世。
中阿含經之一六一：梵摩經　東晉僧伽提婆譯　第二譯　存
梵摩渝經一卷　吳支謙譯　第一譯　存
案：右二經同本異譯，均存於世。
中阿含經之一六六：釋中禪室尊經　第二譯　存
佛說尊上經一卷　西晉竺法護譯　第一譯　存
案：右二經同本異譯，均存於世。
中阿含經之一七〇：鸚鵡經　東晉僧伽提婆譯　第二譯　存
佛說兜調經一卷　西晉失譯　第一譯　存
佛說鸚鵡經一卷　劉宋求那跋陀羅譯　第三譯　存
佛爲首迦長者說業報差別經一卷　隋瞿曇法智譯　第四譯　存
分別善惡報應經一卷　趙宋天息災譯　第五譯　存

案：右五經同本異譯，均存於世。

中阿含經之一七二：心經　第二譯　存

佛說意經　西晉竺法護譯　第一譯　存

案：右二經同本異譯，均存於世。

中阿含經之一七五：受法經　東晉僧伽提婆譯　第二譯　存

佛說應法經一卷　西晉竺法護譯　第一譯　存

案：右二經同本異譯，均存於世。

中阿含經之一八〇：瞿曇彌經　東晉僧伽提婆譯　第一譯　存

佛說分別布施經一卷　趙宋施護譯　第二譯　存

案：右二經同本異譯，均存於世。

中阿含經之一九六：周那經　東晉僧伽提婆譯　第一譯　存

佛說息諍因緣經一卷　趙宋施護譯　第二譯　存

案：右二經同本異譯，均存於世。

中阿含經之一九九：癡慧地經　東晉僧伽提婆譯　第二譯　存

佛說泥犁經一卷　東晉竺曇無蘭譯　第一譯　存

案：右二經同本異譯，均存於世。

中阿含經之二〇二：持齋經　東晉僧伽提婆譯　第二譯　存
佛說齋經一卷　吳支謙譯　第一譯　存
佛說八關齋經一卷　劉宋沮渠京聲譯　第三譯　存
優陂夷墮舍迦經一卷　劉宋失譯　第四譯　存
案：右四經同本異譯，均存於世。
中阿含經之二〇九：鞞摩那修經　東晉僧伽提婆譯　第一譯　存
佛說鞞摩肅經一卷　劉宋求那跋陀羅譯　第二譯　存
案：右二經同本異譯，均存於世。
中阿含經之二一六：愛生經　東晉僧伽提婆譯　第二譯　存
佛說婆羅門子命終愛念不離經一卷　後漢安世高譯　第一譯　存
案：右二經同本異譯，均存於世。
中阿含經之二一七：八城經　東晉僧伽提婆譯　第二譯　存
佛說十支居士八城人經一卷　後漢安世高譯　第一譯　存
案：右二經同本異譯，均存於世。
中阿含經之二二〇：見經　東晉僧伽提婆譯　第一譯　存
佛說邪見經一卷　劉宋失譯　第二譯　存

案：右二經同本異譯，均存於世。

中阿含經之二二：箭喻經　東晉僧伽提婆譯　第一譯　存

佛說箭喻經一卷　東晉失譯　第二譯　存

案：右二經同本異譯，均存於世。

◎佛說蟻喻經一卷　趙宋施護譯　存

◎佛說治意經一卷　失譯　存

◎佛說普法義經一卷　後漢安世高譯　第一譯　存

◎普法義經一卷　西晉竺法護譯　第二譯　佚

◎廣義法門經一卷　陳眞諦譯　第三譯　存

案：右三經同本異譯，二存一闕。

◎威革長者六向拜經一卷　東晉祇多蜜譯　佚

◎威革長者六向拜經一卷　東晉竺難提譯　佚

案：右二經同本異譯，並闕。

◎墮藍經一卷　西晉失譯　佚

◎七事經一卷　西晉失譯　佚

◎歡豫經一卷　西晉失譯　佚

◎佛有五百比丘經一卷　後漢失譯　佚

◎凡人有三事愚癡不足經一卷　後漢失譯　佚

◎佛誡諸比丘言我以天眼視天下人生死好醜尊者卑者經一卷　後漢失譯　佚

案：《佛說蟻喻經一卷》以下諸經，據大正藏、開元釋教錄卷十三、卷十五，僅知其爲中阿含經之異譯，然切確歸屬則不得詳知，茲一并附錄如上，並加「◎」符號以資區別。

別譯雜阿含經十六卷　三秦失譯　第一譯　存

雜阿含經五十卷　劉宋求那跋陀羅譯　第二譯　存

案：右二經同本異譯，均存於世。雜阿含經是原始佛教聖典之一，屬於化地部的傳本，由一千三百六十二部經典組合而成（無經名標目），劉宋求那跋陀羅譯本爲全本，三秦失譯本則爲殘本，僅包含三百六十四部經典，其他單經重譯甚爲普遍，茲依序列舉如下（爲節省篇幅，只列重譯經。）。又今本大藏經中有後安世高譯《七處三觀經一卷》，收錄三十經，又有西晉竺法護譯《雜阿含經一卷》，收錄二十七經，以上二經均爲全本雜阿含經之異譯本。

雜阿含經之三三、三四　劉宋求那跋陀羅譯　第一譯　存

佛說五蘊皆空經一卷　唐義淨譯　第二譯　存

案：右二經同本異譯，均存於世。

雜阿含經之八十　劉宋求那跋陀羅譯　第二譯　存

佛說聖法印經一卷　西晉竺法護譯　第一譯　存

佛說法印經一卷　趙宋施護譯　第三譯　存

案：右三經同本異譯，均存於世。

雜阿含經之二六五　劉宋求那跋陀羅譯　第三譯　存

五陰譬喻經一卷　後漢安世高譯　第一譯　存

佛說水沫所漂經一卷　東晉竺曇無蘭譯　第二譯　存

案：右三經同本異譯，均存於世。

雜阿含經之二七七　劉宋求那跋陀羅譯　第二譯　存

佛說不自守意經一卷　吳支謙譯　第一譯　存

案：右二經同本異譯，均存於世。

雜阿含經之三一一　劉宋求那跋陀羅譯　第二譯　存

佛說滿願子經一卷　東晉失譯　第一譯　存

案：右二經同本異譯，均存於世。

雜阿含經之三七九　劉宋求那跋陀羅譯　第二譯　存

佛說轉法輪經一卷　後漢安世高譯　第一譯　存

佛說三轉法輪經一卷　唐義淨譯　第三譯　存

案：右三經同本異譯，均存於世。

雜阿含經之四四九、四五〇　劉宋求那跋陀羅譯　第三譯　存

雜阿含經一卷之二十　魏吳失譯　第一譯　存

佛說相應相可經一卷　西晉法炬譯　第二譯　存

案：右三經同本異譯，均存於世。

雜阿含經之七八四、七八五　劉宋求那跋陀羅譯　第二譯　存

佛說八正道經一卷　後漢安世高譯　第一譯　存

案：右二經同本異譯，均存於世。

雜阿含經之八五七　劉宋求那跋陀羅譯　第二譯　存

佛說難提釋經一卷　西晉法炬譯　第一譯　存

案：右二經同本異譯，均存於世。

雜阿含經之九二〇　劉宋求那跋陀羅譯　第二譯　存

佛說馬有三相經一卷　後漢支曜譯　第一譯　存

別譯雜阿含經之一四六　三秦失譯　第三譯　存

案：右三經同本異譯，均存於世。

雜阿含經之九二四　劉宋求那跋陀羅譯　第三譯　存

佛說馬有八態譬人經一卷　後漢失譯　第一譯　存

別譯雜阿含經之一四九　三秦失譯　第二譯　存

案：右三經同本異譯，均存於世。

雜阿含經之一〇七三　劉宋求那跋陀羅譯　第三譯　存

佛說戒德香經一卷　東晉竺曇無蘭譯　第一譯　存

增一阿含經地主品之五　東晉僧伽提婆譯　第二譯　存

別譯雜阿含經之十二　三秦失譯　第四譯　存

佛說戒香經一卷　趙宋法賢譯　第五譯　存

案：右五經同本異譯，均存於世。

雜阿含經之一〇七七　劉宋求那跋陀羅譯　第五譯　存

佛說鴦掘摩經一卷　西晉竺法護譯　第一譯　存

佛說鴦崛髻經一卷　西晉法炬譯　第二譯　存

別譯雜阿含經之十六　三秦失譯　第三譯　存

增一阿含經力品之六　東晉僧伽提婆譯　第四譯　存

央掘魔羅經四卷　劉宋求那跋陀羅譯　第六譯　存

　案：右六經同本異譯，均存於世。

雜阿含經之一一三六　劉宋求那跋陀羅譯　第二譯　存

別譯雜阿含經之一一一　三秦失譯　第一譯　存

佛說月喻經一卷　趙宋施護譯　第三譯　存

　案：右三經同本異譯，均存於世。

雜阿含經之一二三七　劉宋求那跋陀羅譯　第四譯　存

佛說波斯匿王太后崩塵土身經一卷　西晉法炬嘖譯　第一譯　存

增一阿含經四意斷品之七　東晉僧伽提婆譯　第二譯　存

別譯雜阿含經之五四　劉宋求那跋陀羅譯　第三譯　存

　案：右四經同本異譯，均存於世。

雜阿含經之一二四八　劉宋求那跋陀羅譯　第三譯　存

增一阿含經牧牛品之一　東晉僧伽提婆譯　第一譯　存

佛說放牛經一卷　姚秦鳩摩羅什譯　第二譯　存

緣起經一卷　唐玄奘譯　第四譯　存

　案：右四經同本異譯，均存於世。

◎轉法經一卷　後漢安世高譯　佚
◎異處七處三觀經一卷　劉宋求那跋陀羅譯　佚
◎佛涅槃後諸比丘經一卷　劉宋釋慧簡譯　佚
◎自見自知爲能盡結經一卷　後漢失譯　佚
◎有四求經一卷　後漢失譯　佚
◎佛本行經一卷　後漢失譯　佚
◎河中大聚沫經一卷　後漢失譯　佚
◎便賢者坑經一卷　後漢失譯　佚
◎所非汝所經一卷　後漢失譯　佚
◎兩比丘得割經一卷　後漢失譯　佚
◎道德舍利日經一卷　後漢失譯　佚
◎舍利日在王舍國經一卷　後漢失譯　佚
◎獨居思惟自念止經一卷　後漢失譯　佚
◎問所明種經一卷　後漢失譯　佚
◎欲從本相有經一卷　後漢失譯　佚
◎獨坐思惟意中生念經一卷　後漢失譯　佚

◎佛說如是有諸比丘經一卷　後漢失譯　佚
◎比丘所求色經一卷　後漢失譯　佚
◎道有比丘經一卷　後漢失譯　佚
◎色爲非常念經一卷　後漢失譯　佚
◎色比丘念本起經一卷　後漢失譯　佚
◎善惡意經一卷　後漢失譯　佚
◎比丘一法相經一卷　後漢失譯　佚
◎有二力本經一卷　後漢失譯　佚
◎有三力經一卷　後漢失譯　佚
◎有四力經一卷　後漢失譯　佚
◎人有五力經一卷　後漢失譯　佚
◎不聞者類相聚經一卷　後漢失譯　佚
◎天上釋爲故世在人中經一卷　後漢失譯　佚
◎爪頭土經一卷　後漢失譯　佚
◎身爲無有反復經一卷　後漢失譯　佚
◎師子畜生王經一卷　後漢失譯　佚

◎阿須倫子婆羅門經一卷　後漢失譯　佚
◎婆羅門子名不侵經一卷　後漢失譯　佚
◎生聞婆羅門經一卷　後漢失譯　佚
◎有桑竭經一卷　後漢失譯　佚
◎署杜乘婆羅門經一卷　後漢失譯　佚
◎佛在拘薩國經一卷　後漢失譯　佚
◎佛在優墮國經一卷　後漢失譯　佚
◎是時自梵守經一卷　後漢失譯　佚
◎有三方便經一卷　後漢失譯　佚
◎婆羅門不信重經一卷　後漢失譯　佚
◎佛告舍日經一卷　後漢失譯　佚
◎四意止經一卷　後漢失譯　佚
◎說人自說人骨不知腐經一卷　後漢失譯　佚
◎色比丘念本起經下二十五經　後漢失譯　佚
◎雜阿含三十章經一卷　後漢失譯　佚

案：《轉法輪經一卷》以下諸經，據開元釋教錄卷十五，僅知其爲雜阿含經之異譯，然切確歸屬則不得詳知，茲一并附錄如上，並加「◎」符號以資區別。

增一阿含經五十卷　符秦曇摩難提譯　第一譯　存

增一阿含經五十一卷　東晉僧伽提婆譯　第二譯　存

案：右二經同本異譯，一存一闕。增一阿含經是原始佛教的聖典之一，屬於大衆部的傳本，由五十二品、四百七十二經組合而成（無經名標目），東晉僧伽提婆譯本爲全本，其他單經重譯甚爲普遍，茲依序列舉如下（爲節省篇幅，只列重譯經）：

增一阿含經：十念品之七　東晉僧伽提婆譯　第一譯　存

佛說阿羅漢具德經一卷　趙宋法賢譯　第二譯　存

案：右二經同本異譯，均存於世。

增一阿含經：四意斷品　東晉僧伽提婆譯　第一譯　存

波斯匿王喪母經一卷　劉宋沮渠京聲譯　第二譯　佚

案：右二經同本異譯，一存一闕。

增一阿含經：四意斷品之五　東晉僧伽提婆譯　第一譯　存

佛說四人出現世間經一卷　劉宋求那跋陀羅譯　第二譯　存

案：右二經同本異譯，均存於世。

增一阿含經：須陀品之三　東晉僧伽提婆譯　第三譯　存

須摩提女經一卷　吳支謙譯　第一譯　存
佛說三摩竭經一卷　吳竺律炎譯　第二譯　存
佛說給孤長者女得度因緣經一卷　趙宋施護譯　第四譯　存
案：右四經同本異譯，均存於世。
增一阿含經：增上品之四　東晉僧伽提婆譯　第二譯　存
佛說婆羅門避死經一卷　後漢安世高譯　第一譯　存
案：右二經同本異譯，均存於世。
增一阿含經：善聚品之十一　東晉僧伽提婆譯　第一譯　存
佛說食施獲五福報經一卷　東晉失譯　第二譯　存
案：右二經同本異譯，均存於世。
增一阿含經：等見品之五　東晉僧伽提婆譯　第二譯　存
頻毗婆羅王詣佛供養經一卷　西晉法炬譯　第一譯　存
頻毗婆羅王問佛供養經一卷　元魏月婆首那譯　第三譯　佚
案：右三經同本異譯，二存一闕。
增一阿含經：邪聚品日十　東晉僧伽提婆譯　第一譯　存
佛說長者子六過出家經一卷　劉宋慧簡譯　第二譯　存

案：右二經同本異譯，均存於世。

增一阿含經：力品　東晉僧伽提婆譯　第一譯　存

指靈經一卷　東晉祇多蜜譯　第二譯　佚

案：右二經同本異譯，一存一闕。

增一阿含經：八難品　東晉僧伽提婆譯　第三譯　存

佛說力士移山經一卷　西晉竺法護譯　第一譯　存

佛說四未曾有法經一卷　西晉竺法護譯　第二譯　存

案：右三經同本異譯，均存於世。

增一阿含經：馬王品之二　東晉僧伽提婆譯　第三譯　存

舍利弗摩訶目連遊四衢經一卷　後漢康孟詳譯　第一譯　存

舍利弗目連遊諸國經一卷　西晉竺法護譯　第二譯　佚

案：右三經同本異譯，二存一闕。

增一阿含經：牧牛品之十　東晉僧伽提婆譯　第一譯　存

佛說十一想思念如來經一卷　劉宋求那跋陀羅譯　第二譯　存

案：右二經同本異譯，均存於世。

增一阿含經：禮三寶品之五　東晉僧伽提婆譯　第二譯　存

佛說四泥犁經一卷　東晉竺曇無蘭譯　第一譯　存

案：右二經同本異譯，均存於世。

增一阿含經：非常品之七　東晉僧伽提婆譯　第二譯　存

阿那邸邠化七子經一卷　後漢安世高譯　第一譯　存

案：右二經同本異譯，均存於世。

增一阿含經：非常品之九　東晉僧伽提婆譯　第三譯　存

佛說玉耶女經一卷　西晉失譯　第一譯　存

玉耶經一卷　東晉竺曇無蘭譯　第二譯　存

佛說阿　達經一卷　劉宋求那跋陀羅譯　第四譯　存

案：右四經同本異譯，均存於世。

增一阿含經：大愛道涅槃品之一　東晉僧伽提婆譯　第二譯　存

佛說大愛道般泥洹經一卷　西晉白法祖譯　第一譯　存

佛母般泥洹經一卷　劉宋慧簡譯　第三譯　存

佛母般泥洹經一卷　劉宋沮渠京聲譯　第四譯　佚

案：右四經同本異譯，三存一闕。

增一阿含經：大愛道涅槃品之九　東晉僧伽提婆譯　第四譯　存

舍衛國王夢見十事經一卷　西晉失譯　第一譯　存

佛說舍衛國王十夢經一卷　西晉失譯　第二譯　存

國王不犁先尼十夢經一卷　東晉竺曇無蘭譯　第三譯　存

案：右四經同本異譯，均存於世。

◎佛說阿難同學經一卷　後漢安世高譯　存

◎雜四十四篇經二卷　後漢安世高譯　佚

◎百六十品經一卷　後漢安世高譯　佚

案：《佛說阿難同學經一卷》以下諸經，據大正藏、開元釋教錄卷十五，僅知其爲增一阿含經之異譯，然切確歸屬則不得詳知，茲一并附錄如上，並加「◎」符號以資區別。

小乘經四阿含之外諸重譯經考錄

摩鄧女經一卷　後漢安世高譯　第一譯　存

舍頭諫經一卷　後漢安世高譯　第二譯　佚

摩登伽經三卷　吳竺律炎共支謙譯　第三譯　存

舍頭諫經一卷　西晉竺法護譯　第四譯　存

摩鄧女解形中六事經一卷　東晉失譯　第五譯　存

案：右五經同本異譯，四存一闕。第一譯、第二譯同爲後漢安世高譯，然一存一闕，據開元釋教錄卷十五闕本《舍頭諫經一卷》之下註云：「既是同本，不合雙出，今二本俱載，未詳所以，或可此經即是藏中舍頭諫經——法護譯者，錄家錯上。」此說應可採信。

鬼問目連經一卷　後漢安世高譯　第一譯　存

雜藏經一卷　東晉法顯譯　第二譯　存

餓鬼報應經一卷　東晉失譯　第三譯　存

雜藏經一卷　劉宋求那跋陀羅譯　第四譯　佚

案：右四經同本異譯，三存一闕。

阿難問事佛吉凶經一卷　後漢安世高譯　第一譯　存

慢法經一卷　西晉法炬譯　第二譯　存

阿難分別經一卷　乞伏秦釋聖堅譯　第三譯　存

弟子慢爲耆域述經一卷　劉宋沮渠京聲譯　第四譯　佚

案：右四經同本異譯，三存一闕。

五母子經一卷　吳支謙譯　第一譯　存

沙彌羅經一卷　三秦失譯　第二譯　存

　案：右二經同本異譯，均存於世。

小本起經二卷　後漢支曜譯　第一譯　佚

太子本起瑞應經二卷　後漢康孟詳譯　第二譯　佚

修行本起經二卷　後漢竺大力共康孟詳譯　第三譯　存

太子瑞應本起經二卷　吳支謙譯　第四譯　存

過去因果經四卷　東晉佛陀跋陀羅譯　第五譯　佚

過去現在因果經四卷　劉宋求那跋陀羅譯　第六譯　存

　案：右六經同本異譯，三存三闕。

法海藏經一卷　後漢竺法蘭譯　第一譯　佚

法海經一卷　西晉法炬譯　第二譯　存

海八德經一卷　姚秦鳩摩羅什譯　第三譯　存

　案：右三經同本異譯，二存一闕。

四十二章經一卷　後漢迦葉摩騰共竺法蘭譯　第一譯　存

四十二章經一卷　吳支謙譯　第二譯　佚

　案：右二經同本異譯，一存一闕。

奈女耆域因緣經一卷　後漢安世高譯　第一譯　存

奈女耆域經一卷　西晉竺法護譯　第二譯　佚

案：右二經同本異譯，一存一闕。

罪業應報教化地獄經一卷　後漢安世高譯　第一譯　存

罪業報應經一卷　東晉竺曇無蘭譯　第二譯　佚

案：右二經同本異譯，一存一闕。

龍王兄弟經一卷　吳支謙譯　第一譯　存

目連降龍王經一卷　劉宋求那跋陀羅譯　第二譯　佚

案：右二經同本異譯，一存一闕。

長者音悅經一卷　吳支謙譯　第一譯　存

長者音悅經一卷　劉宋沮渠京聲譯　第二譯　佚

案：右二經同本異譯，一存一闕。

禪秘要經四卷　吳支謙譯　第一譯　佚

禪秘要經三卷　姚秦鳩摩羅什譯　第二譯　存

禪秘要經五卷　劉宋曇摩蜜多譯　第三譯　佚

案：右三經同本異譯，一存二闕。

七女經一卷　吳支謙譯　第一譯　存
七女本經一卷　西晉竺法護譯　第二譯　佚
七女本經一卷　乞伏秦釋聖堅譯　第三譯　佚
　案：右三經同本異譯，一存二闕。

八師經一卷　吳支謙譯　第一譯　存
八師經一卷　東晉竺曇無蘭譯　第二譯　佚
　案：右二經同本異譯，一存一闕。

越難經一卷　西晉聶承遠譯　第一譯　存
日難經一卷　東晉釋嵩公譯　第二譯　佚
日難經一卷　劉宋求那跋陀羅譯　第三譯　佚
　案：右三經同本異譯，一存二闕。

所欲致患經一卷　西晉竺法護譯　第一譯　存
所欲致患經一卷　東晉祇多蜜譯　第二譯　佚
　案：右二經同本異譯，一存一闕。

阿闍世王問五逆經一卷　後漢支婁迦讖譯　第一譯　佚
阿闍世王問五逆經一卷　西晉法炬譯　第二譯　存

案：右二經同本異譯，一存一闕。

五苦章句經一卷　東晉竺曇無蘭譯　第一譯　存

五苦章句經一卷　劉宋沮渠京聲譯　第二譯　佚

案：右二經同本異譯，一存一闕。

堅意經一卷　後漢安世高譯　第一譯　存

堅意經一卷　吳支謙譯　第二譯　佚

案：右二經同本異譯，一存一闕。

淨飯王般泥洹經一卷　西晉法炬譯　第一譯　佚

淨飯王涅槃經一卷　劉宋沮渠京聲譯　第二譯　存

案：右二經同本異譯，一存一闕。

勸進學道經一卷　吳支謙譯　第一譯　佚

進學經一卷　劉宋沮渠京聲譯　第二譯　存

勸進學道經一卷　劉宋釋勇公譯　第三譯　佚

案：右三經同本異譯，一存二闕。

貧窮老公經一卷　西晉法炬譯　第一譯　佚

貧窮老公經一卷　劉宋釋慧簡譯　第二譯　存

案：右二經同本異譯，一存一闕。

三摩竭經一卷　吳竺律炎譯　第一譯　存

分和檀王經一卷　劉宋沮渠京聲譯　第二譯　佚

案：右二經同本異譯，一存一闕。

沙王五願經一卷　吳支謙譯　第一譯　存

沙王五願經一卷　東晉竺曇無蘭譯　第二譯　佚

沙王五願經一卷　東晉釋嵩公譯　第三譯　佚

案：右三經同本異譯，一存二闕。

琉璃王經一卷　後漢安世高譯　第一譯　佚

琉璃王經一卷　西晉竺法護譯　第二譯　存

案：右二經同本異譯，一存一闕。

生經五卷　西晉竺法護譯　第一譯　存

生經五卷　劉宋釋智嚴譯　第二譯　佚

案：右二經同本異譯，一存一闕。

義足經二卷　吳支謙譯　第一譯　存

義足經二卷　東晉竺曇無蘭譯　第二譯　佚

案：右二經同本異譯，一存一闕。

五門禪要用法經一卷　後漢安世高譯　第一譯　佚

五門禪經要用法一卷　劉宋曇摩蜜多譯　第二譯　佚

案：右二經同本異譯，並闕。

五蓋疑結失行經一卷　西晉竺法護譯　第一譯　佚

五蓋疑結失行經一卷　東晉祇多蜜譯　第二譯　佚

案：右二經同本異譯，並闕。

太子夢經一卷　後漢安世高譯　第一譯　佚

佛爲菩薩五夢經一卷　西晉竺法護譯　第二譯　佚

案：右二經同本異譯，並闕。

十善十惡經一卷　西晉支法度譯　第一譯　佚

十善十惡經一卷　東晉竺曇無蘭譯　第二譯　佚

案：右二經同本異譯，並闕。

禪經一卷　後漢支婁迦讖譯　第一譯　佚

禪經一卷　後漢安世高譯　第二譯　佚

案：右二經同本異譯，並闕。

恆水經一卷　後漢安世高譯　第一譯　佚

恆水戒經一卷　吳支謙譯　第二譯　佚

案：右二經同本異譯，並闕。

伍、小乘律類重譯經考錄

彌沙塞部和醯五分律三十卷　劉宋佛陀什共竺道生等譯　存

彌沙塞五分戒本一卷　劉宋佛陀什等譯　存

案：右二經同本異譯，均存於世，其中三十卷本爲全本，另一部則爲單卷異譯，因係同人所譯，先後難辨，故不標明出經序次。

摩訶僧祇律四十卷　東晉佛陀跋陀羅共法顯譯　存

僧祇戒本一卷　曹魏曇柯迦羅譯　佚

摩訶僧祇律大比丘戒本一卷　東晉佛陀跋陀羅譯　存

摩訶僧祇比丘尼戒本一卷　東晉法顯共覺賢譯　存

案：右四經同本異譯，三存一闕，其中四十卷本爲全本，其他三部則分別爲單卷異譯，故不標明出經序次。

四分律六十卷　姚秦佛陀耶舍共竺佛念譯　存

四分律比丘戒本一卷　後秦佛陀耶舍譯　存
四分僧戒本一卷　後秦佛陀耶舍譯　存
四分比丘尼戒本一卷　後秦佛陀耶舍譯　存
曇無德律部雜羯磨一卷　曹魏康僧鎧譯　存
羯磨一卷　曹魏曇諦譯　存
四分比丘尼羯磨法一卷　劉宋求那跋摩譯　存

案：右七經同本異譯，均存於世。其中六十卷本爲全本，其他六部則分別爲單卷異譯，故不標明出經序次。

十誦比丘戒本一卷　符秦曇摩持共竺佛念譯　第一譯　佚
十誦比丘戒本一卷　東晉竺曇無蘭譯　第二譯　佚
十誦比丘戒本一卷　姚秦鳩摩羅什譯　第三譯　存

案：右三經同本異譯，一存二闕。

比丘尼戒一卷　西晉竺法護譯　第一譯　佚
比丘尼大戒一卷　符秦曇摩持共竺佛念譯　第二譯　佚
十誦比丘尼戒所出本末一卷　姚秦竺佛念譯　第三譯　佚

案：右三經同本異譯，並闕。

迦葉禁戒經一卷　東晉釋退公譯　第一譯　佚

迦葉禁戒經一卷　劉宋沮渠京聲譯　第二譯　存

案：右二經同本異譯，一存一闕。

優婆塞五戒相經一卷　劉宋求那跋摩譯　第一譯　存

優婆塞五戒經一卷　劉宋沮渠京聲譯　第二譯　佚

案：右二經同本異譯，一存一闕。

雜問律事二卷　東晉曇摩譯　第一譯　佚

雜問律事二卷　東晉卑摩羅叉譯　第二譯　佚

案：右二經同本異譯，並闕。

陸、小乘論類重譯經考錄

阿毗曇八揵度論三十卷　符秦僧伽提婆譯　第一譯　存
阿毗達磨發智論二十卷　唐玄奘譯　第二譯　存
案：右二經同本異譯，均存於世。
衆事分阿毗曇論十二卷　劉宋求那跋陀羅共菩提耶舍譯　第一譯　存
阿毗達磨品類足論十八卷　唐玄奘譯　第二譯　存
案：右二經同本異譯，均存於世。
阿毗曇毗婆沙論六十卷　北涼浮陀跋摩共道泰譯　第一譯　存
阿毗達磨大毗婆沙論二百卷　唐玄奘譯　第二譯　存
案：右二經同本異譯，均存於世。
阿毗達磨俱舍釋論二十二卷　陳眞譯　第一譯　存
阿毗達磨俱舍論三十卷　唐玄奘譯　第二譯　存

案：右二經同本異譯，均存於世。

俱舍論偈一卷　陳眞諦譯　第一譯　佚

阿毗達磨俱舍論本頌一卷　唐玄奘譯　第二譯　存

案：右二經同本異譯，一存一闕。

阿毗曇心十六卷　符秦僧伽提婆譯　第一譯　佚

雜阿毗曇心十三卷　東晉法顯共覺賢譯　第二譯　佚

雜阿毗曇心十三卷　劉宋伊葉波羅譯　第三譯　佚

雜阿毗曇心論十一卷　劉宋僧伽跋摩譯　第四譯　存

案：右四經同本異譯，一存三闕。

三法度論二卷　符秦曇摩難提譯　第一譯　佚

三法度論二卷　東晉僧伽提婆譯　第二譯　存

案：右二經同本異譯，一存一闕。

十八部論一卷　三秦失譯　第一譯　存

部執異論一卷　陳眞諦譯　第二譯　存

異部宗輪論一卷　唐玄奘譯　第三譯　存

案：右三經同本異譯，均存於世。

柒、聖賢集傳類重譯經考錄

修行道地經七卷　後漢安世高譯　第一譯　佚

道地經一卷　後漢安世高譯　第二譯　存

小道地經一卷　後漢支曜譯　第三譯　存

修行道地經六卷　西晉竺法護譯　第四譯　存

案：右四經同本異譯，三存一闕。

僧伽羅刹所集經三卷　符秦僧伽跋澄譯　第一譯　存

僧伽羅刹集二卷　符秦曇摩難提譯　第二譯　佚

案：右二經同本異譯，一存一闕。

付法藏經六卷　劉宋釋寶雲譯　第一譯　佚

付法藏傳四卷　元魏曇曜譯　第二譯　佚

付法藏因緣傳六卷　元魏吉迦夜共曇曜譯　第三譯　存

案：右三經同本異譯，一存二闕。

坐禪三昧經三卷　姚秦鳩摩羅什譯　第一譯　存

阿蘭若習禪經二卷　劉宋求那跋陀羅譯　第二譯　佚

案：右二經同本異譯，一存一闕。

菩薩呵色欲法一卷　姚秦鳩摩羅什譯　第一譯　存

菩薩呵欲經一卷　劉宋求那跋陀羅譯　第二譯　佚

案：右二經同本異譯，一存一闕。

那先比丘經二卷　東晉失譯　第一譯　存

那先經一卷　劉宋求那跋陀羅譯　第二譯　佚

案：右二經同本異譯，一存一闕。

五門禪要用法經一卷　後漢安世高譯　第一譯　佚

五門禪經要用法一卷　劉宋曇摩蜜多譯　第二譯　存

案：右二經同本異譯，一存一闕。

禪法要解二卷　姚秦鳩摩羅什譯　第一譯　存

禪法要解二卷　北涼沮渠京聲譯　第二譯　佚

案：右二經同本異譯，一存一闕。

思惟要略經一卷　後漢安世高譯　第一譯　佚

思惟要略法一卷　姚秦鳩摩羅什譯　第二譯　存

案：右二經同本異譯，一存一闕。

十二遊經一卷　西晉彊梁婁至譯　第一譯　佚

十二遊經一卷　東晉迦留陀伽譯　第二譯　存

十二遊經一卷　劉宋求那跋陀羅譯　第三譯　佚

案：右三經同本異譯，一存二闕。

阿育王傳七卷　西晉安法欽譯　第一譯　存

阿育王經十卷　梁僧伽婆羅譯　第二譯　存

案：右二經同本異譯，均存於世。

阿育王太子壞目因緣經一卷　後漢支婁迦讖譯　第一譯　佚

阿育王息壞目因緣經一卷　符秦曇摩難提譯　第二譯　存

王子法益壞目因緣經一卷　姚秦竺佛念譯　第三譯　佚

案：右三經同本異譯，一存二闕。

法句經二卷　吳維祇難譯　第一譯　存

法句經二卷　吳支謙譯　第二譯　佚

案：右二經同本異譯，一存一闕。

法句經四卷　後漢安世高譯　第一譯　佚

法句譬喻經四卷　西晉釋法立共法炬譯　第二譯　存

案：右二經同本異譯，一存一闕。

迦葉結經一卷　後漢安世高譯　第一譯　存

迦葉結集傳經一卷　西晉竺法護譯　第二譯　佚

迦葉結集戒經一卷　東晉釋嵩公譯　第三譯　佚

案：右三經同本異譯，一存二闕。

婆藪槃豆傳一卷　姚秦鳩摩羅什譯　第一譯　佚

婆藪槃豆法師傳一卷　陳眞諦譯　第二譯　存

案：右二經同本異譯，一存一闕。

龍樹菩薩爲禪陀迦王說法要偈一卷　劉宋求那跋摩譯　第一譯　存

勸發諸王要偈一卷　劉宋僧伽跋摩譯　第二譯　存

龍樹菩薩勸誡王頌一卷　唐義淨譯　第三譯　存

案：右三經同本異譯，均存於世。

請賓頭盧法一卷　後漢安世高譯　第一譯　佚

請賓頭盧法一卷　劉宋釋慧簡譯　第二譯　存

案：右二經同本異譯，一存一闕。

主要參考書目

大正新脩大藏經正編五十五冊	新文豐出版公司	
長阿含經二十二卷	後秦佛陀耶舍共竺佛念譯	第一冊
中阿經六十卷	東晉僧伽提婆譯	第一冊
雜阿含經五十卷	劉宋求那跋陀羅譯	第二冊
別譯雜阿含經十六卷	三秦失譯	第二冊
增一阿含經五十一卷	東晉僧伽提婆譯	第二冊
大般若波羅蜜多經六百卷	唐玄奘譯	第五冊
妙法蓮華經七卷	姚秦鳩摩羅什譯	第九冊
正法華經十卷	西晉竺法護譯	第九冊
添品妙法蓮華經七卷	隋闍那崛多共笈多譯	第九冊
大方廣佛華嚴經八十卷	唐實叉難陀譯	第十冊

大方廣佛華嚴經四十卷	唐般若譯	第十冊
大寶積經百二十卷	唐菩提流志譯并合	第十一冊
大般涅槃經四十卷	北涼曇無讖譯	第十二冊
大般涅槃經三十六卷	劉宋慧嚴等改治本	第十二冊
佛說大般泥洹經六卷	東晉法顯譯	第十二冊
大方等大集經六十卷	隋僧就合譯	第十三冊
彌沙塞部和醯五分律三十卷	劉宋佛陀什共竺道生譯	第廿二冊
摩訶僧祇律四十卷	東晉佛陀跋陀羅共法顯譯	第廿二冊
四分律六十卷	姚秦佛陀耶舍共竺佛念譯	第廿二冊
十誦律六十一卷	後秦弗若多羅共羅什譯	第廿三冊
阿毗達磨大毗婆沙論二百卷	唐玄奘譯	第廿七冊
阿毗曇毗婆沙論六十卷	北涼浮陀跋摩共道泰譯	第廿八冊
鞞婆沙論十四卷	符秦僧伽跋澄譯	第廿八冊
阿毗達磨俱舍論三十卷	唐玄奘譯	第廿九冊
瑜伽師地論百卷	唐玄奘譯	第卅冊
唯識論一卷	元魏般若流支譯	第卅一冊

大乘唯識論一卷	陳眞諦譯	第卅一冊
唯識二十論一卷	唐玄奘譯	第卅一冊
歷代三寶紀十五卷	隋費長房撰	第四十九冊
佛祖統紀五十四卷	趙宋志磐撰	第四十九冊
佛祖歷代通載二十二卷	元念常集	第四十九冊
高僧傳十四卷	梁慧皎撰	第五十冊
續高僧傳三十卷	唐道宣撰	第五十冊
宋高僧傳三十卷	趙宋贊寧撰	第五十冊
大唐西域求法高僧傳二卷	唐義淨撰	第五十一冊
出三藏記集十五卷	梁僧祐撰	第五十五冊
衆經目錄七卷	隋法經等撰	第五十五冊
衆經目錄五卷	隋彥琮撰	第五十五冊
衆經目錄五卷	唐靜泰撰	第五十五冊
大唐內典錄十卷	唐道宣撰	第五十五冊
續大唐內典錄一卷	唐道宣撰	第五十五冊
古今譯經圖紀四卷	唐靖邁撰	第五十五冊

續古今譯經圖紀一卷　唐智昇撰　第五十五冊
大周刊定衆經目錄十五卷　唐明佺等撰　第五十五冊
開元釋教錄二十卷　唐智昇撰　第五十五冊
開元釋教錄略出四卷　唐智昇撰　第五十五冊
大唐貞元續開元釋教錄三卷　唐圓照集　第五十五冊
貞元新定釋教目錄三十卷　唐圓照集　第五十五冊
續貞元釋教錄一卷　南唐恆安集　第五十五冊

☆　☆　☆

法寶總目錄三冊　新文豐出版公司
大正新脩大藏經勘同目錄　第一冊
至元法寶勘同總錄　元・慶吉祥　第二冊
大藏聖教法寶標目　趙宋・王古　第二冊
閱藏知津　明・智旭　第三冊

☆　☆　☆

漢魏兩晉南北朝佛教史　湯用彤　鼎文書局
中國佛教史概說　野上俊靜著　商務印書館

業師聖嚴法師譯
中國佛教通史　鎌田茂雄著、關世謙譯　佛光出版社
中國佛教發展史　中村元著、余萬居譯　天華出版公司
中國佛教史　任繼愈主編　谷風出版社
中國大藏經翻譯刻印史　釋道安　中華大典編印會
中國大藏經雕刻史話　釋道安　中華大典編印會

☆　☆　☆

世界佛學名著譯叢一百冊　華宇出版社
南傳大藏經解題　高楠順次郎　第二十四冊
大藏經的成立與變遷、大正大藏經解題（上）　第二十五冊
小川貫
大正大藏經解題（下）　摘譯自大藏經索引卷首解題　第二十六冊
佛典研究（初編）　山口益等　第二十七冊
佛典研究（續編）　楊曾文等　第二十八冊
印度佛教史（上）：原始與部派　A.K.Warder　第三十二冊
印度佛教史（下）：大乘與密教　A.K.Warder　第三十三冊

佛教經典總論　小野玄妙著・楊白衣譯　新文豐出版公司
譯經史研究　宇井伯壽　東京岩波書店
異譯經類の研究　林屋友次郎　東京東洋文庫

☆　☆　☆

原始佛教聖典之集成　印順法師　作者自印
初期大乘佛教之起源與開展　印順法師　正聞出版社
佛學研究十八篇　梁啓超　中華書局
大藏會閱　會性法師　天華出版公司
二十五種藏經目錄對照考釋　蔡運辰　新文豐出版公司
釋氏疑年錄　陳新會　鼎文書局
佛教史年表　慈怡主編　佛光出版社
中華佛教史籍概論　陳新會　鼎文書局
歷代求法翻經錄　馮承鈞　鼎文書局
佛典漢譯之研究　王文顏　天華出版公司